# भारतवर्ष के 32 तीर्थ स्थल

**भारतवर्ष के तीर्थ स्थल**

वाराणसी
सौंदत्ती
वैष्णोदेवी
मनाली
द्वारका
रणकपुर
श्रावणबेलगोला
बोधगया
मदुरई
पुरी
कोल्हापुर
सिंहाचलम
तिरुपति
उज्जैन
गुवाहाटी
दिल्ली
हीरापुर
शारदा
उदवाड़ा
श्रीरंगम
लखनऊ
अमृतसर
जेजुरी
नाथद्वारा
पंढरपुर
बदरीनाथ
वेलंकन्नी
कोलकाता
आगरा
शबरीमाला
मुंबई

# भारतवर्ष के 32 तीर्थ स्थल

## राष्ट्र के निर्माण की तीन सहस्राब्दियों की यात्रा


# देवदत्त पट्टनायक

रेखाचित्र लेखक द्वारा

अनुवाद : रचना भोला 'यामिनी'



MANJUL

मंजुल पब्लिशिंग हाउस

MANJUL

**मंजुल पब्लिशिंग हाउस**

*कॉरपोरेट एवं संपादकीय कार्यालय*

• द्वितीय तल, उषा प्रीत कॉम्प्लेक्स, 42 मालवीय नगर, भोपाल-462 003

*विक्रय एवं विपणन कार्यालय*

• सी-16, सेक्टर 3, नोएडा, उत्तर प्रदेश, 201301

वेबसाइट : www.manjulindia.com

*वितरण केन्द्र*

अहमदाबाद, बेंगलुरू, भोपाल, कोलकाता, चेन्नई,
हैदराबाद, मुम्बई, नई दिल्ली, पुणे

देवदत्त पट्टनायक द्वारा लिखित मूल अंग्रेजी पुस्तक
*पिलग्रिम नेशन : द मेकिंग ऑफ़ भारतवर्ष* का हिन्दी अनुवाद

*Pilgrim Nation: The Making of Bharatvarsh*
by Devdutt Pattnaik – Hindi Edition



यह हिन्दी संस्करण 2021 में पहली बार प्रकाशित
द्वितीय आवृत्ति 2023

**ISBN 978-93-91242-67-1**

**मूल्य : ₹299**

चित्र कॉपीराइट © देवदत्त पट्टनायक
लेखक-चित्र : हरप्रीत छाछिया

हिन्दी अनुवाद : रचना भोला 'यामिनी'

मुद्रण व जिल्दसाज़ी : पार्कसन्स ग्राफ़िक्स प्रा.लि.

उन सभी तीर्थ यात्रियों के नाम,
जिन्होंने भारतवर्ष की रचना की

# अनुक्रम

# परिचय

एक समय की बात है, श्रवण कुमार नामक एक युवक था जिसने अपने कंधों पर बाँस से बनी बहंगी लाद कर यात्रा की थी। बहंगी के दोनों ओर एक-एक टोकरी बँधी थी। एक टोकरी में उसके बूढ़े, नेत्रहीन और दुर्बल पिता और दूसरी टोकरी में बूढ़ी, नेत्रहीन और दुर्बल माता बैठे थे। वह उन्हें हर उस पवित्र स्थल की यात्रा पर ले गया जिन्हें वह जानता था - उनमें से कुछ पर्वतों के ऊपर, कुछ सागर किनारे और कुछ नदियों के संगम पर स्थित थे। श्रवण कुमार की कथा हिंदू कथाओं के साथ-साथ बौद्ध गाथाओं में भी पाई जाती है, जहाँ उसे भावी बुद्ध स्याम के नाम से जाना जाता है

*श्रवण कुमार और उसके माता-पिता की तीर्थ यात्रा*

वह मूल रूप से एक आदर्श पुत्र बना जिसने अपने माता-पिता की मृत्यु से पूर्व उनके लिए तीर्थ यात्रा सुनिश्चित की ताकि वे जन्म और मरण के अंतहीन चक्र से मुक्ति पाने योग्य पुण्य अर्जित कर सकें। इस प्रकार उसे भी ऐसा ही एक पुत्र पाने का पुण्य मिलता, जो एक दिन उसके लिए ऐसा ही करता।

श्रवण कुमार के माता-पिता ने निश्चित रूप से उसे उस असुर की कथा सुनाई होगी जिसने तपस्या के बल पर इतना पुण्य कमा लिया था कि उसके दर्शन करने वाले अमर हो जाते थे। इस प्रकार ब्रह्माण्ड का संतुलन बिगड़ गया। सभी जीवित प्राणियों के पूर्वज, ब्रह्मा ने असुर के पास जाकर कहा कि उसकी देह संसार की सबसे पवित्र स्थली बन गई है - और उससे पूछा कि क्या वह एक यज्ञ आयोजित करने के लिए अपनी देह दान करेगा। असुर ने ब्रह्माजी के आग्रह पर हामी भर दी। वह धरती पर लेट गया और ब्रह्माजी ने उसके पेट पर यज्ञ की अग्नि जला दी। जिस स्थान पर असुर लेटा था, वह सभी स्थलों की पवित्रतम स्थली हुई। उसकी अस्थियों से पवित्र धरती बनी, रक्त से पवित्र जल और उसके केश पवित्र वृक्षों में बदल गए। इस प्रकार पहला तीर्थ स्थल अस्तित्व में आया। यह कोई नहीं जानता था कि उक्त पवित्र स्थल ठीक किस जगह पर था इसलिए श्रवण कुमार जैसे तीर्थ यात्री सभी ज्ञात पवित्र तीर्थ स्थलों के दर्शन करने जाते और यही आस रखते कि शायद उन्हें कभी असुर तीर्थ स्थली के दर्शनों का पुण्य प्राप्त हो जाए। समय बीतने के साथ-साथ, असुर की कथा विस्मृत हो गई, परंतु तीर्थ स्थलों की संख्या बड़ी तेज़ी से बढ़ने लगी और इसके साथ उनसे जुड़े मार्गों की संख्या भी बढ़ी। श्रवण कुमार जैसे तीर्थ यात्रियों ने ही मिल कर, भारतवर्ष के तीर्थ यात्री राष्ट्र को गूँथा।

भारतवर्ष एक पारंपरिक नाम है जो हिंदुओं, बौद्धों व जैनियों ने भारत को दिया। प्राचीन ग्रंथों में भारतवर्ष या भारतखंड, जंबूद्वीप में स्थित था, वह महाद्वीप जिसका नाम भारतीय फल जामुन, जंबू (*Syzygium cumini*) के नाम पर रखा गया था। यह वही फल है जिसे खाने से जीभ बैंगनी रंग की हो जाती है। यह महाद्वीप उत्तर में हिमालय से लेकर, दक्षिण में हिंद महासागर तक फैला है। इस धरती को सात नदियों से पोषण मिलता है। आज हम इसे भारतीय उपमहाद्वीप या दक्षिण एशिया कहते हैं, और इसे पिछली सदी में, विविध देशों के साथ नई राजनीतिक पहचानों के साथ अंकित किया गया।

सदियों पहले, ये सीमाएँ और राजनीतिक विभाजन तीर्थ यात्रियों के लिए मायने नहीं रखते थे, वे इस धरती पर पवित्र स्थलों की खोज में घूमते थे ताकि स्वयं को आध्यात्मिक रूप से पोषित कर सकें।

भारतवर्ष, अर्थात 'भरत की भूमि'। भरत जम्बूद्वीप के सबसे पुराने शासकों में से थे। जैन पुरागाथाओं के अनुसार, वे ऋषभ के पुत्र थे। महाद्वीप को जीतने के बाद, वे अपना नाम मेरु पर्वत पर अंकित करना चाहते थे, जो इस भूमि के बीच में स्थित था। वे अपनी उपलब्धियों को अंकित करना चाहते थे। परंतु जब वे शिखर पर पहुँचे तो उन्होंने पाया कि ढलानों पर उन सैकड़ों राजाओं के नाम पहले से लिखे थे, जिनमें से प्रत्येक का यह मानना था कि वे ही जम्बूद्वीप को जीतने वाले पहले राजा थे। शिखर पर आने के बाद ही उन्हें वास्तविकता पता चलती थी। यह कहानी हमें भारतीय लोकाचार के सनातन विचार के बारे में बताती है : हम अनंत के आवरण में जी रहे हैं। कुछ अद्वितीय या नया नहीं है। सब कुछ पहले घट चुका है। सब कुछ फिर से घटेगा। हम केवल भूल गए हैं जब तक ऋषि हमारी स्मृति वापस नहीं लाते।

इतिहासकारों के अनुसार, इस भूमि को सिंधुस्थल अथवा नदियों की भूमि कहा जाता था। यहीं से असंख्य नदी-घाटी सभ्यताएँ पनपीं। पहले पंजाब में सिंधु की सहायक नदियों के साथ, और बाद में गंगा, ब्रह्मपुत्र, महानदी, नर्मदा, गोदावरी, कृष्णा और कावेरी की नदी घाटियों में। वैदिक ग्रंथों में, इनमें से प्रत्येक नदी घाटी ऋषियों से जुड़ी है जैसे व्यास, दीर्घात्मा, भृगु, अंगिरा, अगस्त्य, अत्रि और अन्य कई। संभवतः इनमें सप्त ऋषि भी शामिल हैं जिन्होंने पूरे उपमहाद्वीप में वैदिक जीवनशैली का प्रचार किया। ये ऋषि रजस् को योग्य बनाते थे जो आगे चल कर राजा अथवा चक्रवर्ती बनते। भरत वंश उन राजाओं में से थे जिन्होंने लगभग तीन हज़ार वर्ष पूर्व, भारत के प्राचीनतम हिंदू ग्रंथ ऋग्वेद को व्यवस्थित किया। यह सब उस भूमि पर हुआ जिसे अब हम कुरुक्षेत्र के नाम से जानते हैं, जो दिल्ली के उत्तर में पड़ता है। महाभारत में, भरत उस राजा का नाम है, जो वनों में पला-बढ़ा और सिंहों के साथ खेलता था। रामायण में, भरत उस राजकुमार का नाम है जो ऐसे राज्य को स्वीकार करने से इंकार कर देता है जिसे उसकी माता ने छल से उसके लिए प्राप्त किया है। *भागवत पुराण* में, भरत ऐसे ऋषि का नाम है जो यथार्थ की प्रकृति को समझते थे। उन्होंने अपना पिछला जीवन

एक हिरण के रूप में व्यतीत किया था क्योंकि उससे पहले जन्म में वे एक हिरणी से बहुत मोह पाल बैठे थे।

भरत मुनि का नाम भी सभी ज़ानते हैं, जिन्होंने शिव के नृत्य से प्रेरित होकर, *नाट्य शास्त्र* की रचना की, इसमें ललित कलाओं के लिए भारतीय पक्षों को समाहित किया गया जहाँ इंद्रियों के उत्तेजन, मन के मंथन तथा भावों के आलोड़न के साथ मन का विस्तार किया जा सकता है। क्या ऐसा हो सकता है कि भारत का नाम, किसी भरत राजा के नाम पर नहीं बल्कि कलाकार-मुनि के नाम पर रखा गया हो? हम केवल अनुमान ही लगा सकते हैं।

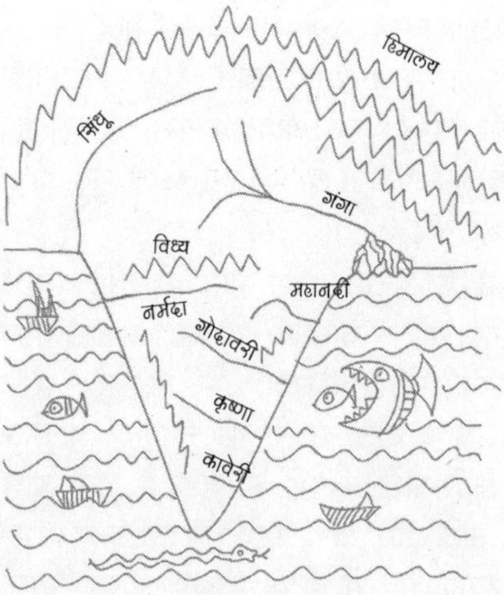


*भारतीय जामुन के आकार के भूतल जंबूद्वीप का पौराणिक निरूपण*

हिमाच्छादित हिमालय भारत के शीश पर मुकुट के समान सजा हुआ है। यहीं महावैरागी शिव, निपट एकांत में, सारे संसार से विरक्त होकर विराजते थे, जब तक प्रथम गृहस्थ राजा दक्ष की पुत्री सती ने उन्हें प्रेम, मोह तथा आसक्ति का पाठ नहीं पढ़ाया। जब सती की मृत्यु हुई, तो शिव का हृदय चूर-चूर हो गया और वे उनके शव को कंधे पर लिए भटकने लगे। शिव की सुध लौटाने के लिए, विष्णु ने अपना चक्र चलाया और सती की देह

के इक्यावन टुकड़े कर दिए। वे अंश भारतवर्ष में जहाँ-जहाँ गिरे, वे स्थान शक्ति-पीठ कहलाए।

शिव ओझल हो गए, परंतु जब-जब भक्तों ने उन्हें पुकारा, वे समय-समय पर, भारतवर्ष में बारह स्थानों पर अग्नि स्तंभों के रूप में प्रकट हुए, जिनका कोई आदि या अंत नहीं था। ये ज्योतिर्लिंगों के नाम से जाने गए। धरती के पालक विष्णु भी भारतवर्ष में विविध अवतारों में आते रहे ताकि धर्म की स्थापना हो सके, एक ऐसी जीवनशैली जिसमें सबल दुर्बल की रक्षा करता हो। वे भार्गव वंश के परशुराम के रूप में जन्मे, जो पश्चिमी तट पर रहते थे, फिर वे रघु वंश के राम के रूप में जन्मे, जिन्होंने उत्तर में गंगा के मैदानी इलाक़ों से, दक्षिण में हिंद महासागर तक यात्रा की, और यदु वंश के कृष्ण जो पूर्व में स्थित मथुरा को त्याग कर, पश्चिम में द्वारका आ बसे थे।

जैन व्यापारियों का मानना है कि पूरे भारतवर्ष में ऐसे अनेक पर्वत शिखर हैं जहाँ तीर्थंकरों ने, समय-समय पर ब्रह्माण्ड के असीम और शाश्वत ज्ञान को बार-बार खोजा है। इसी ज्ञान के बल व्यक्ति क्षुधा को जीतकर, पुनर्जन्म के चक्र से छुटकारा पा सकता है। ये सभी स्थान जैन तीर्थ स्थल बने।

बौद्ध इतिहास कहता है कि जब बुद्ध की मृत्यु हुई और उन्हें दफ़नाया गया, तो धरती के राजा उनकी अस्थियों के लिए आपस में झगड़ने लगे। तब इन अस्थियों को समान रूप से विभाजित कर, राजाओं के बीच वितरित किया गया, उन्होंने इन अवशेषों पर स्तूपों अथवा शव स्तूपों का निर्माण करवाया। इसके बाद, राजा अशोक को ये अवशेष मिले, उन्होंने उन्हें चौरासी हज़ार हिस्सों में विभाजित किया और पूरे भारतवर्ष में चौरासी हज़ार स्तूपों का निर्माण करवाया। ये सभी स्थल तीर्थ स्थल कहलाए। अनेक स्मारक, आने वाले समय में उन सुदूर स्थानों पर चले गए, जहाँ बौद्ध धर्म का प्रचार-प्रसार हुआ, यही कारण है कि अब भारतवर्ष में इनकी संख्या बहुत कम रह गई है। चीन में, जब बौद्ध धर्म प्रभावशाली रूप से रूपांतरित हुआ, तब भारत सुखावती के नाम से जाना गया, सुख की धरती, विशुद्ध भू-स्वर्ग पश्चिम में स्थित था, जहाँ से महान प्रज्ञा प्राप्त की जा सकती थी।

भारत भर में, ऐसे अनेक सरोवर, झीलें, झरने, नदियों के संगम, नदियों के किनारे आदि हैं जहाँ ऋषियों-मुनियों ने ध्यान रमाया, देवता

प्रकट हुए, देवियों ने असुरों का संहार किया और मनुष्यों की समस्याओं का समाधान हुआ। ये जल स्रोत भी, तीर्थ स्थल बने। साधु-संत, जो कभी किसी एक स्थान पर टिक कर नहीं रहते थे, वे एक से दूसरे तीर्थ की यात्रा करते रहते। उन्होंने एक ऐसा संजाल तैयार किया जिसने जंबूद्वीप को एक सांस्कृतिक इकाई में बदल दिया जो तीर्थ स्थलों से आश्रय पाने वाला भारतवर्ष था, जिसे कथाओं, प्रसंगों, प्रतीकों व अनुष्ठानों तथा अनंत विचारों से सहारा मिला।

इस पुस्तक में, हम भारत के लंबे तथा जटिल इतिहास को सराहते हुए, बत्तीस पवित्र तीर्थ स्थलों की ओर ध्यान देंगे, जो दिन-ब-दिन सांप्रदायिक पर्यटन स्थलों में बदल रहे हैं। इस पुस्तक में अधिकतर विचार मेरे अपने हैं, जिन्होंने कुछ तथ्यों का आश्रय ग्रहण किया है क्योंकि :

*अनंत पुराणों में छिपा है सनातन सत्य*
*इसे पूर्णतः किसने देखा?*
*वरुण के हैं नयन हज़ार*
*इंद्र के सौ*
*आपके और मेरे, केवल दो।*

# 1

# वैदिक युग
## (तीन हज़ार वर्षों से भी अधिक)

वेदों में तीन समूहों के व्यक्तियों का विवेक समाया है। सबसे प्राचीन, सर्वाधिक अदृश्य किंतु सबसे प्रबल समूह, अनेक आदिवासी समुदायों, आखेटकों व संग्रहकर्ताओं का था, जो गुफाओं में रहते थे। उन्होंने ही पहले चरागाह और खेत तैयार किए और सबसे पहले धातु की गंध पाई। सबसे अधिक रहस्यमयी वे थे, जो नदियों के किनारे ईंटों से बने नगरों में वास करते थे, जैसे उत्तरपश्चिम में सिंधु और सरस्वती, जिन्होंने दुनिया भर में व्यापार किया, और जिन्होंने नक्षत्रों के आधार पर आकाश को अट्ठाईस हिस्सों में विभाजित किया। सबसे अधिक तीक्ष्ण तथा लोकप्रिय समूह पशुचारक घुमक्कड़ थे, जिनके पास एक शक्तिशाली भाषा थी; वे अपने अश्व और रथों पर गंगा के मैदानी इलाक़ों के घने वनों में अपनी राह बनाते हुए राज्य स्थापित करने में सफल रहे, जिनकी महान कथाएँ रामायण और महाभारत जैसे महाकाव्यों में पुनः कही जाती रही हैं।

इन महाकाव्यों में, हमने पहली बार जाना कि घुमक्कड़ साधु, ऋषियों के नाम से जाने जाते थे, जो अज्ञात मार्गों पर चलते हुए, संपूर्ण उपमहाद्वीप के कबीलों से मेल-जोल बढ़ाते रहे और उन्हें वैदिक विचारों से अवगत करवाया, जिसके बल पर मनुष्यों ने भूमि को वातावरण के अनुकूल बनाया और आकाश से संपर्क साधा। हमें पुलत्स्य और विश्रवा के विषय में जानकारी मिली जो यक्ष व राक्षसों के पिता थे; कश्यप के विषय में पता चला जो देवों, असुरों, नागों व गरुड़ों के पिता थे; दीर्घात्माओं के विषय में जानकारी मिली जो अंग, वंग और कलिंग नरेशों के पिता थे; हमने जमदग्नि के विषय में जाना जिन्होंने हैहयों से युद्ध किया; इक्ष्वाकु और इला के विषय में जाना, जो मनु के पुत्र व पुत्री थे, जिन्होंने सूर्यवंश और चंद्रवंश के राजाओं को जन्म दिया; इसके साथ ही हमें वशिष्ठ और विश्वामित्र की शत्रुता की भी जानकारी हुई।

हालाँकि इन कथाओं का केंद्र भारत का उत्तरी भाग ही रहा, विशेष तौर पर गंगा के मैदानी क्षेत्र तथा हिमालय की तलहटी वाले भाग। हमें महाभारत में तीर्थ स्थलों की जो प्रथम सूची प्राप्त होती है इनमें पूरे उपमहाद्वीप के अलग-अलग हिस्सों के नाम शामिल हैं जिनसे हम आज भी परिचित हैं : पुष्कर, उज्जैन, द्वारका, कुरुक्षेत्र, निमिषा, प्रयाग, गया, कन्या और गोकर्ण। पांडवों को उनके लंबे निर्वासन की अवधि में यात्रा करने का परामर्श दिया गया, जैसे उनसे पूर्व राम कर चुके थे, उन्हें नदियों और पर्वतों की यात्राओं पर भेजा गया ताकि वे उन ऋषियों से भेंट कर सकें जो उन्हें जीवन का अर्थ खोजने में सहायक होते।

# 1

# वाराणसी : देवताओं की नगरी

वाराणसी के नाम से भी प्रसिद्ध काशी की पवित्रता को आप इसके भूगोल को देख कर भी जान सकते हैं। काशी में गंगा नदी, जो कि सामान्यतः हिमालय से दक्षिण में सागर की ओर प्रवाहित होती है, वह एक मोड़ लेकर, उत्तर की ओर प्रवाहित होती है। गंगा का यह विपरीत प्रवाह, आध्यात्मिक रूप से महत्त्वपूर्ण माना जाता है क्योंकि ऐसी मान्यता है कि ऐसे स्थानों पर कई तांत्रिक सिद्धियों को सिद्ध किया जा सकता है।

तंत्र में, हमारे शरीर के द्रव्य नीचे की ओर गति करते हैं। हम भोजन करते हैं, जो मांस, रक्त और हड्डियों में बदलता है, और अंततः स्वेद, वीर्य और मासिक धर्म के द्रव्य के रूप मे स्रावित हो जाता है, जो दक्षिण की ओर गति करते हैं। हमारा सिर सदा उत्तर का प्रतिनिधित्व करता है।

हालाँकि, यह ऋषि-मुनियों की इच्छा रही है कि वे अपनी तपस्या और आध्यात्मिक अभ्यासों के बल पर, इन द्रव्यों को बनाए रख सकें और उन्हें विपरीत दिशा में, अर्थात सिर की ओर गतिशील कर सकें। इस प्रकार इन्हें ऐसी आध्यात्मिक शक्तियों की प्राप्ति होती है, जिन्हें सिद्धि कहते हैं। ये सिद्ध होकर काल व स्थान को नियंत्रित करने, पानी पर चलने तथा हवा

में उड़ने जैसी गतिविधियों को भी पूर्ण कर सकते हैं। तो संभवतः गंगा की उत्तरी गति इस परिवर्तन का प्रतिनिधित्व करती हो, जिससे काशी भौगोलिक रूप से गुणकारी क्षेत्र बनता है, जिसे प्राचीन ऋषियों ने इतना पवित्र माना कि इसके आसपास एक नगरी का निर्माण कर दिया। स्थानीय गाथाओं के अनुसार, जब देवता धरती पर उतरे, तो उन्हें काशी नगरी से प्रेम हो गया।

एक बार नगरी में दुर्भिक्ष पड़ा और ब्रह्माकिसी ऐसे व्यक्ति की खोज में निकले जो अपने तप से इस अकाल को समाप्त कर सके। उनकी भेंट रिपुंजय से हुई, जिसने कहा कि वह अनिवार्य वैदिक अनुष्ठान तथा तपस्या से उस अकाल को समाप्त कर देगा परंतु उसकी शर्त केवल यही थी कि सभी देवता काशी नगरी को त्याग कर अपने धाम चले जाएँ ताकि वह काशी में अपने अनुष्ठान पूरे कर सके। देवताओं ने इसे स्वीकार किया और अपने-अपने धाम वापस चले गए। रिपुंजय के अनुष्ठानों के कारण नगरी में वर्षा हुई और अकाल समाप्त हो गया। उसने काशी में धर्म की स्थापना की और एक महान राजा बना। उसने दस अश्वों के साथ अश्वमेध यज्ञ रचाया, जो अपने-आप में एक उल्लेखनीय क़दम था, आज भी वाराणसी में दशाश्वमेध घाट देखा जा सकता है। यह एक संपन्न और खुशहाल राज्य बना।

रिपुंजय को राजा दिवोदास कहा जाने लगा, एक ऐसा नाम जिसका वर्णन ऋग्वेद में भी मिलता है। इस दौरान, देवता काशी नगरी वापस आना चाहते थे, जिनमें भगवान शिव का नाम सर्वोपरि था। वे इस नगरी को बहुत याद कर रहे थे। यह धरती पर शिव का प्रिय धाम था।

*वाराणसी घाट*

वे सब दिवोदास से पीछा छुड़ाने का उपाय करने लगे। उन्होंने उसका ध्यान भटकाने के लिए योगिनियों को भेजा, परंतु योगिनियों ने इंकार कर दिया क्योंकि उन्हें भी नगरी से बहुत प्रेम था। अग्नि और वायु को निमंत्रण भेजा गया परंतु राज्य में सबको प्रसन्नचित देख, वे भी नगरी में ही बस गए। रुष्ट देवताओं ने गणेश को भेजा, जिनके कारण लोगों को दुःस्वप्न आने लगे, परंतु यह उपाय भी काम नहीं आया। अंत में, विष्णु ने एक साधु का रूप धरा। उन्होंने जाकर राजा से कहा कि उनके जीवन और राज्य में असंतोष का एक ही कारण था, सांसारिक इच्छाएँ और सांसारिक वस्तुओं से मोह। यदि वे उन्हें त्याग दें, तो वे सही मायनों में प्रसन्न हो सकेंगे। विष्णु के वचनों से प्रभावित होकर, दिवोदास एक साधु बन गए, संभवतः एक बौद्ध भिक्षु, यही कारण है कि विष्णु का श्रमण रूप, हिंदू पुराणों का मायामोह बुद्ध कहलाता है। ऐसा रूप जो राजाओं को प्रलोभन देता है कि वे बिना किसी संघर्ष के सत्ता त्याग दें। दिवोदास ने काशी को छोड़ दिया और देवता अपनी प्रिय नगरी में वापस आने में सफल हुए।

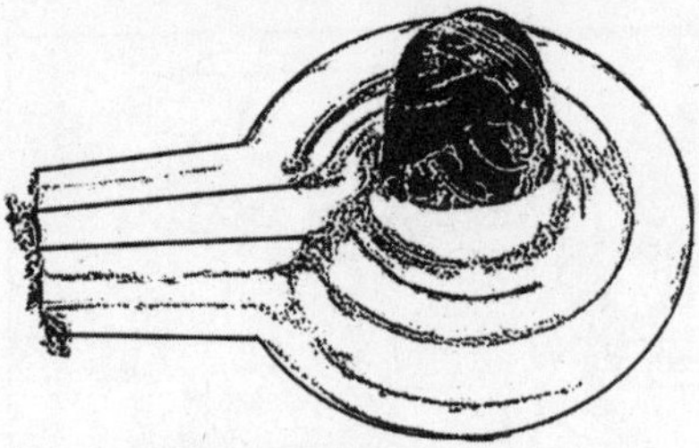

*काशी विश्वनाथ का निराकार रूप*

यह एक रहस्यमयी कथा है। इसके अनुसार, दिवोदास बौद्ध और जैन धर्म की श्रमण परंपराओं के प्रभाव के अधीन होकर नगरी का त्याग करने से पूर्व वैदिक अनुष्ठानों के अनुयायी थे। उन्होंने वह स्थान छोड़ा ताकि प्राचीन देवता उस नगरी में वापस आ सकें, जो पहले कभी वहीं बसते थे। अब हम इन प्राचीन देवताओं को पौराणिक देवताओं के नाम से जानते हैं, विशेष रूप से शिव। शिव, वैदिक और हिंदू धर्म में स्वीकृत होने से पूर्व ही, काशी में जाने जाते थे। निश्चित रूप से, ये सभी अनुमान हैं और इनके बारे में निश्चित तौर पर कुछ नहीं कह सकते।

हम जानते हैं कि काशी हिंदू, बौद्ध, जैन और यहाँ तक कि मुसलमानों के लिए भी पवित्र मानी जाती है, विशेष रूप से वे लोग, जो सूफ़ी परंपराओं का पालन करते हैं। यह कबीर और तुलसीदास की नगरी है। हिंदुओं

*अन्नपूर्णा, अन्न प्रदान करने वाली देवी*

के लिए, यह एक पवित्र नगरी है। यहीं शिव काशी विश्वनाथ के रूप में बसते हैं। जहाँ आदि शक्ति अन्नपूर्णा के रूप में वास करती हैं, और विष्णु बिंदुमाधव हैं। प्राचीन काल में, काशी नगरी कौशल की भूमि का भाग थी। वही स्थान, जहाँ से राजकुमारी कौशल्या महाराज दशरथ से विवाह करने से पूर्व आई थीं। अयोध्या और काशी के बीच एक निकटतम संपर्क है। कृष्ण की कथाओं में, काशी नरेश शिव का उपासक है और कृष्ण के प्रति बैर रखता है। वह राजा युद्ध में परास्त होता है।

बौद्ध इस नगरी से प्रेम करते हैं क्योंकि यह सारनाथ के निकट है, जहाँ बुद्ध ने निर्वाण पाने के बाद, अपना पहला उपदेश दिया और धर्मचक्र का प्रवर्तन आरंभ किया। जैन इस नगरी को पवित्र मानते हैं क्योंकि चंद्रप्रभा तथा पार्श्वनाथ सहित, चार तीर्थंकरों का जन्म यहीं हुआ था। ये प्राचीन प्रसंग हमें स्मरण करवाते हैं कि किस प्रकार काशी भारतीय-आर्य संस्कृति में एक पवित्र स्थल बनी।

# 2

## सौंदत्ती :
## कटे हुए सिर वाली माँ

मैं बेलगाम एयरपोर्ट से धारवाड़ की ओर जा रहा था कि मार्ग में अपने मेजबान से पूछा, "क्या सौंदत्ती यहीं निकट ही है?" मैं महाराष्ट्र और कर्नाटक की सीमा पर स्थित प्रसिद्ध रेणुका मंदिर की बात कर रहा था। यह प्रश्न अचानक ही मुख से निकला। एक के बाद एक बातों का सिलसिला जुड़ता गया और इससे पहले कि हम कुछ जान पाते, हम लोग मुख्य मार्ग से एक ओर निकल कर, तीर्थ स्थल की ओर जा रहे थे।

मेरे मेजबान ने कहा, "यह जगह तो आपके कार्यक्रम में शामिल नहीं थी, है ना? साफ़ दिखाई दे रहा है, आपको देवी ने बुलावा भेजा है।" मैंने हामी भरी। हम लोग बुलावे की उस मान्यता को स्वीकार कर रहे थे, जब लोगों के मन में किसी ख़ास तीर्थ पर जाने की गहरी इच्छा अचानक पैदा होती है। आप किसी इष्ट के दर्शन तभी कर पाते हैं, जब वे आपको देखना चाहते हैं। कई तीर्थयात्री अपनी असफल तीर्थ यात्राओं से दर्शन किए बिना ही लौट आते हैं और स्वयं को इसी विचार से सांत्वना देते हैं, 'अभी दर्शन के लिए बुलावा नहीं आया था।'

देवी का यह मंदिर सोलहवीं सदी में बना था, परंतु उसी जगह पर आठवीं सदी के प्राचीन ढाँचों के अवशेष भी मिलते हैं, जिन्हें स्थानीय

राष्ट्रकूट राजाओं ने बनवाया था। मंदिर की अधिष्ठात्री देवी की कथा हमें संस्कृत पुराणों में मिलती है। हालाँकि, मौखिक परंपराओं में मिलने वाला कथानक कहीं अधिक समृद्ध है।

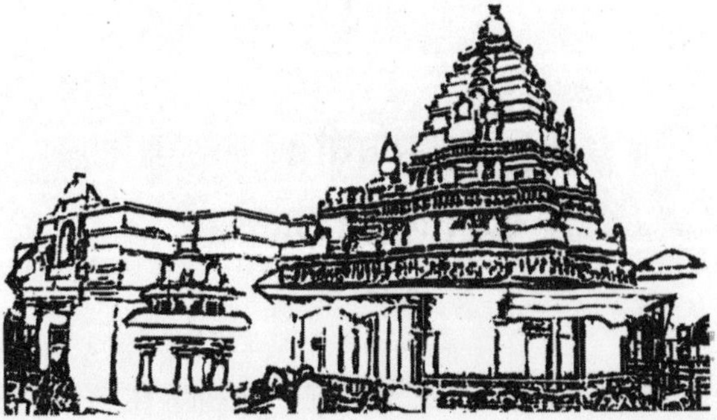

*रेणुका येलम्मा का मंदिर*

रेणुका एक राजकुमारी थीं जिनका विवाह भार्गव वंश के महर्षि जमदग्नि से हुआ। उन्होंने पाँच पुत्रों को जन्म दिया (स्थानीय प्रसंगों के अनुसार उनके सात पुत्र थे)। वे एक सती थीं, दूसरे शब्दों में, वे इतनी पवित्र थीं कि अपनी सिद्धि के बल पर, मिट्टी के कच्चे पात्र में भी जल भर सकती थीं। परंतु एक दिन, जब वे सरोवर से जल लेने गईं, तो उन्हें एक सुंदर पुरुष अपनी पत्नियों के साथ स्नान करता हुआ दिखाई दिया और वे एक क्षण के लिए कामना के वशीभूत हो गईं। उनके इसी अपराध को जानकर, महर्षि जमदग्नि ने अपने पुत्रों को आदेश दिया कि वे अपनी माता का शीश काट दें। बड़े चार पुत्रों ने ऐसा करने से इंकार कर दिया और उनसे उनका पौरुष छीन लिया गया। सबसे छोटे पुत्र ने अपना फरसा उठाया और पिता की आज्ञा का पालन किया। इस पुत्र का नाम परशुराम था, राम जो अपने हाथ में फरसा रखते हैं, विष्णु के पाँचवें अवतार।

इस मातृहत्या के बाद जो घटनाएँ हुईं, वे विविध पुनर्पाठों में अलग-अलग तरह से कही गई हैं। संस्कृत प्रसंग में, परशुराम को बिना किसी संकोच के पिता की आज्ञा पूरी करने के लिए वरदान मिलता है और वे अपनी माता को पुनः जीवित करते हुए, भाइयों के खोए हुए पौरुष को वापस ले आते

हैं। अंत में सब कुछ अच्छा हो जाता है। परंतु लोक प्रसंगों में, रेणुका का कटा हुआ शीश सौ शीशों में बदल जाता है, जो देश के ग्रामीण हिस्सों में अलग-अलग जगह जा कर गिरते हैं और उन्हीं जगहों पर देवी के तीर्थ बन जाते हैं। इसी दिव्य 'शीश' को अपने सिर पर, किसी टोकरी या पात्र में रखने से व्यक्ति पवित्र होता है और नश्वर लोक से अनुभवातीत तल तक पहुँच जाता है। रेणुका के वे बधिया पुत्र ही उनके पहले पुजारी बने। जिन स्त्रियों ने उन्हें अपनी देवी के रूप में स्वीकारा, वे परम धन्य हुईं, वे अपनी देह में देवी की कृपा को धारण करती हैं।

दूसरे संस्करण में, रेणुका उस समय भागकर 'निम्न' जाति समुदाय में चली गईं, जहाँ एक स्थानीय महिला उनके बचाव के लिए आगे आई। उन दोनों के ही शीश काट दिए गए। जब परशुराम ने अपनी माता को पुनः जीवित करना चाहा तो वे दोनों शीश, विपरीत धड़ों पर लग गए। तो, अब माता कौन? वह जिसका 'उच्च' जाति का शीश था अथवा वह जिसका 'निम्न' जाति का शीश था? एक अन्य संस्करण में, वह शीश कट कर दलितों के क्षेत्र में जा गिरता है और इस प्रकार शीश और शीश रहित देह को विभिन्न समुदायों द्वारा पूजा जाता है।

इन कथानकों की जटिल प्रकृति, तीर्थ के रिवाजों और मान्यताओं को प्रकट करते हुए इसकी आदिम जड़ों की ओर संकेत करती है। ऐतिहासिक रूप से, यह कहानी एक ऐसे समय की स्मृति को प्रकट करती है, जब इष्ट किसी एक निश्चित स्थान पर मंदिर में नहीं रहते थे, वे पुजारियों या पुजारिनों के सिर पर रखी टोकरी या पात्र में ग्राम-ग्राम घूमते हुए यात्रा करते थे। आज भी आपको ऐसे दर्जनों गतिशील तीर्थ मिल जाएँगे, जिन्हें आप मंदिर के आसपास गाजे-बाजे की ध्वनि के बीच देख सकते हैं। ढोल-दमामे की धुन पर झूमते स्त्री-पुरुष किसी तंद्रा या परमानंद में खोए जान पड़ते हैं। इष्ट को एक धातु के शीश के साथ दर्शाया जाता है जो किसी पात्र या टोकरी के ऊपरी सिरे

रेणुका येलम्मा

से जुड़ा होता है, इसे मोरपंखों, कौड़ियों, फूलों, नीम के पत्तों और नींबुओं से ढँकने के बाद, हल्दी और सिंदूर से सजावट की जाती है।

अनेक भक्त दलित सामाजिक-आर्थिक समुदायों से होते हैं। इसके साथ ही एक विवादित और अब गैरक़ानूनी घोषित हो चुकी प्रथा भी जुड़ी थी, जिसमें किसी बच्ची को या स्वयं को देवी को समर्पित कर दिया जाता है। इसके बाद, उक्त युवती को विवाह करने की अनुमति नहीं होती थी। वह जहाँ भी जाती, उसे देवी की वह प्रतिकृति सिर पर रखनी पड़ती। वह देवी की महिमा का गुणगान करती है और लोगों से चढ़ावा ग्रहण करने के बाद अपना आशीष देती। वह एक जीवित मंदिर के समान होती थी, जो समाज की नकारात्मक ऊर्जाओं को सोखते हुए; रोग, निर्धनता और बाँझपन को दूर करती थी। वास्तव में, इसका अर्थ था कि वह शोषण का शिकार होने लगी और उसे बिना किसी घर, संपत्ति अथवा आय के निश्चित स्रोत के अभाव में घोर निर्धनता का जीवन व्यतीत करना पड़ता था।

तीर्थयात्री वर्ष में दो बार, देवी के साथ अपने संबंध को पुनः जीवित करते हैं। वे पूर्ण चंद्रमा की रातों को, निकट ही स्थित झील में स्नान कर, स्वयं को निर्वस्त्र कर, केवल नीम के पत्तों से शरीर ढँक कर, मुख्य तीर्थ स्थल तक आते हैं। देवी की प्रतिकृति उनके सिर पर होती है। जोगप्पा और जोगती कहलाने वाले ये पुरुष-स्त्री अपने गलों में डाली गई कौड़ियों तथा माथे पर लगी हुई हल्दी से पहचाने जाते हैं। पुरुष प्रायः स्त्रियों की तरह वस्त्र धारण करते हैं और इन्हें भ्रमवश हिजड़ा समझ लिया जाता है। समर्पित भक्तों को रिवाज के अनुसार या फिर निर्धनता की विवशता के चलते, शारीरिक संबंध भी बनाने पड़ते थे। इस तरह इनके साथ होने

*परशुराम पिता के आदेश पर माता का शीश काटते हुए*

वाले मानसिक और शारीरिक शोषण को देख कर लोगों से सार्वजनिक रूप से गुहार लगाई और सरकार को ऐसे रिवाज पर रोक लगानी पड़ी।

मानसिक रूप से, रेणुका का प्रसंग, उर्वरता तथा पवित्रता के साथ मनुष्य के तनाव को प्रकट करता है। धरती -जो देवी है- वह किसी के प्रति निष्ठावान नहीं है। परंतु मनुष्य उसे खेतों में बदल कर, उसके आसपास चारदीवारी लगा कर, अपनी मर्जी से बीज बोते हुए, खरपतवार को उखाड़ कर, उससे अपने प्रति निष्ठा चाहते हैं। रेणुका कौन है? इच्छाओं से भरी स्त्री अथवा सती पत्नी, वन अथवा खेत, गतिशील अथवा एक स्थान पर स्थिर इष्ट? उनका पति कौन है? और उनका पुत्र कौन है? ये हम ही हैं, जो धरती पर अपना नियंत्रण चाहते हैं, जैसे पति अपनी पत्नी को वश में रखना चाहते हैं? या ये हम हैं जो धरती से पोषित होते हैं जैसे पुत्र अपनी माता से पोषित होते हैं?

दर्शन के दौरान ही ये सभी प्रश्न मेरे मन में पैदा हुए। मैंने देवी के चेहरे पर मूँछ की रेखा उभरी हुई देखी। "ये क्या है?" मैंने पूछा। पुजारी ने सामान्य स्वर में उत्तर दिया, "इस मूँछ को इसलिए बनाया गया है ताकि भक्त का ध्यान देवी माता की सब कुछ लील जाने वाली परम शक्ति से हटाया जा सके।" यह रिवाज हमें स्मरण करवाता है कि हमारा सांस्कृतिक अनुकूलन हमें इस योग्य नहीं बनाता कि हम निसर्ग के सत्य को जान सकें, जहाँ इच्छा सभी नियमों से परे है और कभी हिंसा से संतुष्ट नहीं होती।

# 3

## वैष्णो देवी : राम की प्रतीक्षा

जम्मू की पहाड़ियों में, बहुत देर तक एक संकरी गुफा में, घुटनों के बल चलने के बाद, आप अंत में वैष्णोदेवी पहुँचते हैं। देवियाँ तीन पिंडियों के रूप में दर्शन देती हैं जिन्हें सुनहरे किनारे वाले लाल वस्त्र, फूलों और ऊपर लटक रहे छत्रों से सजाया जाता है। ये तीनों पिंडियाँ महालक्ष्मी, महासरस्वती तथा महाकाली का प्रतिनिधित्व करती हैं जो देवी के तीन रूप हैं। चारों ओर का वातावरण, पंजाबी भाषा में 'जय माता दी' की जयजयकार से गूँज उठता है, हिंदी में इसका अर्थ है, 'देवी माता की जय'। इस बात को स्पष्ट कर देना बहुत महत्त्वपूर्ण है, चूंकि बहुत से लोग भूलवश यही मान लेते हैं कि 'दी' एक संज्ञा है, उन्हें लगता है कि यह देवी का स्थानीय नाम है।

वैष्णोदेवी अब एक बहुत लोकप्रिय तीर्थ स्थल है। वे पंजाब और जम्मू प्रांत में पाई जाने वाली अनेक पहाड़ी देवियों में से हैं। कुछ उन्हें सात बहनों में से एक मानते हैं, जो भारतीय लोकगाथाओं का अंश हैं; रहस्यमयी देवियाँ, जो वनों में विचरती हैं, किसी पुरुष से मोह नहीं रखतीं और धमकाने पर ख़तरनाक तथा प्रसन्न होने पर स्नेही हो सकती हैं। सात कन्याओं की छवि सिंधु घाटी नगरों से है, जो आज से तीन हज़ार वर्ष पूर्व फली-फूली थी।

ये सात बहनें कौन हैं? क्या वे मातृका हैं, पुरुष देवों के स्त्रैण रूप : शिव से शिवानी, विष्णु से वैष्णवी, विनायक से विनायकी, कुमार से कुमारी, इंद्र से इंद्राणी, वराह से वराही, नरसिंह से नरसिंही? क्या वे कृत्तिका नक्षत्र हैं जिन्हें सामूहिक तौर पर शिव के योद्धा पुत्र कार्तिकेय की माताओं के रूप में जाना जाता है? क्या वे कभी सप्तर्षियों की पत्नियाँ थीं? क्या वे वनों तथा नदियों की प्राचीन देवियाँ थीं?

महाराष्ट्र में, इन्हें 'सती असार, सात पत्थरों के रूप में जाना जाता है। इनका पूजन ऐसी स्त्रियाँ करती हैं जो गर्भ नहीं धारण कर पा रही हों या फिर ऐसी गर्भवती स्त्रियाँ जिन्हें गर्भपात का भय हो और ऐसी स्त्रियाँ जिनके बच्चों को ज्वर के साथ देह पर चकत्ते उभर आते हों। हम निश्चित रूप से नहीं कह सकते। ग्रंथों से जुड़े संदर्भ हमें एक लंबी मौखिक परंपरा की बहुत तरसाने वाली झलक देते हैं जो भारत की नदियों और मैदानों के साथ प्रसारित हुई, आम लोगों द्वारा सदियों तक दबे सुरों में सुनाई जाती रही, जिन्होंने स्वयं ही कट्टर संस्कृत ब्राह्मणवादी परंपराओं से दूर रहने का चुनाव किया या फिर उन्हें इससे दूर रखा गया।

वैष्णोदेवी मंदिर की सबसे अनूठी बात यह है कि पंजाब और जम्मू प्रांत की अन्य देवियों की तरह वे शाकाहारी देवी के रूप में पूजी जाती है। जबकि पौराणिक और तांत्रिक परंपराओं में, देवी की पूजा रक्त की बलि से होती आई है। वसंत और शरद में मनाई जाने वाली नवरात्रि के दौरान, जब देवी असुर से युद्ध करती हैं, तो उन्हें भैंस, बकरी और मुर्गे की बलि दी जाती है। परंतु वैष्णोदवी में ऐसा नहीं होता, जहाँ देवी विशुद्ध शाकाहारी हैं, एक ऐसा विचार जो बंगाल, असम या ओड़िशा के एक शाक्त को व्याकुल कर सकता है।

जब प्राचीन वैदिक अनुष्ठानों का स्थान पौराणिक परंपराओं ने लिया, तो दो देवता प्रकट हुए, जो अपने वर्चस्व के लिए प्रतियोगिता कर रहे थे : शिव और विष्णु। शिव हिंदू धर्म की बैरागी परंपरा के मूर्तिमान रूप हैं, जबकि विष्णु गृहस्थ पक्ष का प्रतिनिधित्व करते हैं। शिव प्रायः वैदिक कट्टरता को चुनौती देते प्रतीत होते हैं। उनकी कथाओं में, वे ब्रह्मा और दक्ष का सिर काट देते हैं। विष्णु भी वैदिक कट्टरता को चुनौती देते हैं, परंतु यह चोरी-चोरी, राजसी राम और गौएँ चराने वाले कृष्ण के रूप में होता है। इन

दो संप्रदायों के बीच तनाव बना रहता है। शिव को लगातार तांत्रिक अभ्यासों से जोड़ा जाता रहा है, विशेष रूप से, मद्य, मांस व मैथुन के अनुष्ठानिक प्रयोग से; विष्णु का संबंध दूध, गौओं, शाकाहारवाद और संयम से दिखाया जाता है। शिव के अनुयायी सिद्ध होते हैं, जो यौगिक अभ्यासों से जादुई शक्तियाँ प्राप्त करते हैं। विष्णु के उपासक, धर्म अथवा समाज के संचालन की बात करते हैं। शिव संसार से विरक्त हैं। विष्णु संसार से संबंध जोड़ते हैं।

देवी इन दो देवताओं के बीच समाधान करती हैं। शक्ति के रूप में, वे शिव की पत्नी बनकर, एक उग्र बैरागी को विनम्र संसारी बना देती हैं। लक्ष्मी के रूप में, वे विष्णु का उत्तरदायित्व बनती हैं, उन्हें विवश करती हैं कि बैकुंठ के उच्च लोक से उतर कर, राम और कृष्ण के अवतार के रूप में, मनुष्यों के प्रसंगों में सहभागी हों। ये कथाएँ लगभग एक हज़ार वर्ष पूर्व सामने आईं और ये सांस्कृतिक परिवर्तन ही हमें वैष्णोदेवी तीर्थ को समझने में सहायक होते हैं।

वैष्णोदेवी को दक्षिण भारत की एक राजकन्या के रूप में भी जाना जाता है, जो राम से भेंट करने के बाद उनसे विवाह करने की इच्छा व्यक्त करती है। परंतु राम एक पत्नीव्रता हैं, वे अपनी पत्नी सीता के लिए एकनिष्ठ हैं। वे कहते हैं कि वे राम के रूप में उससे विवाह नहीं कर सकते, परंतु अगले जन्म में वे निश्चित रूप से उनके पति होंगे। इस प्रकार राजकुमारी एक पर्वत पर चली जाती है और तपस्विनी बन कर तप करने लगती है।

वे कई बार त्रिकूटा या फिर कई बार वेदवती के नाम से जानी जाती हैं। रावण शिव का उपासक था, वह उन्हें अपनी पत्नी बनाना चाहता था, परंतु वे स्वयं को पवित्र अग्नि के सुपुर्द कर देती हैं और वैष्णोदेवी के रूप में पुनः जन्म लेकर, ध्यानलीन हो जाती हैं। वे विष्णु के भावी अवतार के रूप में राम के आगमन की प्रतीक्षा में हैं।

*तीन पवित्र पिंडियाँ वैष्णोदेवी का प्रतिनिधित्व करती हैं*

*शेर पर सवार शेरॉंवाली के रूप में वैष्णोदेवी और उनके अंगरक्षकों के रूप में हनुमान व भैरव*

जब वे ध्यानरत होती हैं तो भैरव का ध्यान उनकी ओर जाता है, जो तांत्रिक अनुष्ठान करता है, वह उनसे भोजन की माँग करता है। वे उसे भोजन देती हैं। परंतु उसके लिए भोजन से तात्पर्य काम (तांत्रिक अनुष्ठानों में मैथुन) से है। जिसके लिए देवी अस्वीकार कर देती हैं। वे भैरव से कहती हैं कि वे राम की प्रतीक्षा में हैं और उसे उनकी इच्छा का मान करना चाहिए। परंतु भैरव मना कर देता है और उनके साथ बलात् व्यवहार करने की चेष्टा करता है। देवी उससे बच कर भागती हैं और वे जिस मार्ग से गई थीं, यह वही मार्ग है जिससे होकर आज तीर्थ यात्री पर्वत तक जाते हैं। भैरव उनका पीछा करता है। लांगूर-वीर से उसका युद्‌ध होता है, जो उसे रोकने की कोशिश करते हैं। लोगों का मानना है कि लांगूर वीर हनुमान हैं। अंत में, भैरव से तंग आकर, देवी मुड़ती हैं और चंडी का भयंकर व रौद्र रूप धर लेती हैं। इसके बाद वे भैरव का सिर काट देती हैं। उसका शरीर पर्वत पर पड़े-पड़े एक विशालकाय पत्थर में बदल गया था, जिसे आज भी देखा जा सकता है। उसका सिर नीचे घाटी में जा गिरता है। भैरव को अपने किए पर पछतावा होता है। वह क्षमायाचना करते हुए कहता है, 'भले ही एक पुत्र कुपुत्र हो जाए, परंतु माता कभी कुमाता नहीं होती'। वैष्णोदेवी शांत होकर उसे क्षमा करते हुए घोषणा करती हैं कि उनके श्रद्‌धालु उस स्थान के भी दर्शन करेंगे,

जहाँ भैरव का सिर कट कर गिरा था। आज भी उस स्थान पर भैरव के कटे शीश का पूजन होता है।

इस प्रकार हम एक ऐसी कथा देखते हैं, जिसमें पौराणिक विचारधारा के तीन रूप शामिल हैं - शाक्त, शैव और वैष्णव। यहाँ शाक्त परंपरा, राम की वैष्णव परंपरा से मेल खाती है और भैरव की शैव परंपरा का त्याग करती है। परंतु अंत में, सारा समाधान हो जाता है। भैरव को दंड मिलता है, परंतु उसे क्षमा भी किया जाता है और फिर उसका पूजन भी होने लगता है। भैरव का यह रूपांतरण हिंदू संस्कृति के लिए अद्वितीय है, जहाँ ईश्वर की दृष्टि में कोई भी दुष्ट नहीं है। सब कुछ बदलता है - यहाँ तक कि वे भी क्षमादान पाते हैं जो देवी की अवज्ञा करते हैं और उन्हें यथेष्ट दंड व पश्चाताप के बाद सम्मान दिया जाता है।

# 4

## मनाली :
## पर्वतों के देवी–देवता

हिमाचल प्रदेश के मनाली नामक पर्वतीय स्थल पर, धुंध से घिरे हरे-भरे देवदार वनों के बीच, हिडिम्बा देवी का मंदिर है। वे महाकाव्य महाभारत के एक नायक भीम की राक्षस पत्नी के रूप में जानी जाती हैं। इस प्राचीन तीर्थ पर, एक स्थानीय राजा ने लगभग पाँच सौ वर्ष पूर्व एक काष्ठ मंदिर का निर्माण करवाया था।

यह अनूठा ढाँचा - हमें याद दिलाता है कि जब निर्माण कार्य के लिए पाषाण का प्रयोग नहीं होता था तो पुराने काष्ठ मंदिर किस प्रकार बनाए जाते थे - इसके तीन शिखर काष्ठ से बने हैं, जिन पर धातु का शंकु लगा है। इस सादे से ढाँचे में, द्वारमार्ग पर कुछ अंकन हैं जो शिव और शक्ति, विष्णु और लक्ष्मी तथा बुद्ध के साथ परिचय दर्शाते हैं। इस पर हाथी, सिंह व उष्ट्र आदि पशुओं की आकृतियों के अतिरिक्त, शुभता और प्रचुरता के प्रतीक चिन्ह भी अंकित हैं जैसे कलश आदि। सींग तथा हिरण के सिर आदि अन्य रोचक वस्तुएँ हैं जिन्हें बाहरी दीवारों पर रखा गया है, ये हमें इस मंदिर के जनजातीय मूल का स्मरण करवाते हैं।

मंदिर के भीतर, देवी का प्रतिनिधित्व एक विशाल चट्टान तथा पीतल की एक छोटी सी मूर्ति करती है। चट्टान के ऊपर एक रस्सी लटकी है, कहते हैं कि इससे अपराधियों को बाँधा जाता था और फिर वे उस चट्टान

से कुचले जाते थे, यह तथ्य भी हमें मंदिर के मूल का परिचय देता है। इसके निकट ही एक और मंदिर है, जो हिडिम्बा के पुत्र घटोत्कच को समर्पित है।

प्रति वर्ष, जब सारे भारत में, दशहरा समारोह समाप्त हो जाता है, विजय दशमी के दिन देवी अपनी पालकी में सवार होकर, कुल्लू घाटी की यात्रा करती हैं और उनके आगमन के साथ ही कुल्लू में पूरे सप्ताह भर का दशहरा उत्सव आरंभ हो जाता है। आसपास के पर्वतीय इलाक़ों के स्थानीय इष्ट अपनी पालकियों में सवार होकर आते हैं। वे इसमें भाग लेते हैं और रामायण के रघुनाथ, राम के राजसी परिवार की अधिष्ठात्री देवी के प्रति अपना सम्मान प्रकट करते हैं। कथा के अनुसार एक स्थानीय राजा किसी किसान से कुछ मोती पाना चाहता था जो वास्तव में 'विवेक के मोती' थे, यह बात उस लोभी राजा को समझ नहीं आई और उसने उस बेचारे किसान को बहुत सताया। किसान ने दम तोड़ते हुए, राजा को शाप दिया कि वह जो भी खाना चाहेगा, वह कीड़ों में बदल जाएगा और जो भी पीना चाहेगा, वह रक्त हो जाएगा।

राजा ने बहुत कष्ट सहा और देवों से विनती करने लगा कि उसे क्षमा कर दिया जाए। अंत में, उसे परामर्श दिया गया कि वह गंगा के मैदानी इलाक़े, साकेत से रघुनाथ राम की प्रतिमा लेकर आए, उसने ऐसा ही किया। राम के अनुग्रह से, उसे क्षमा मिली और शाप दूर हुआ। पर्वतीय देव राम का अभिनंदन करने पधारे। यह प्रसंग उस प्राचीन रिवाज का सूचक है जो राजसी परिवार की सत्ता को बनाए रखने के लिए लागू किया गया, प्रत्येक देवता, ग्रामीण देवता की आत्मा का मूर्तिमान रूप है, जिनसे मिल कर राज्य बनता है। हिडिम्बा राजसी परिवार की सरंक्षक देवी हैं, इस प्रकार उनके आगमन के साथ ही समारोह आरंभ होता है।

*हिडिम्बा मंदिर*

पहाड़ी लोगों का कहना है कि एक बार ऋषि जमदग्नि तीनों लोकों की

तीर्थ यात्रा करने निकले। और वे जहाँ भी गए, वहाँ जितने भी देवों से मिले, उनकी मूर्तियाँ अपने पास संग्रह करते रहे। देवताओं ने उनसे कहा कि वे उन मूर्तियों को धरती पर जिस जगह एक बार रख देंगे, वे वहीं प्रतिष्ठित हो जाएँगी। जमदग्नि ने मूर्तियों को एक टोकरी में रखा और टोकरी को सिर पर लिए-लिए, घर तक वापस आ गए। उन्होंने मार्ग में टोकरी कहीं भी नीचे नहीं रखी। वे जानते थे कि यदि सभी देव उनके घर आ गए तो वे और उनके शिष्य धन्य हो जाएँगे। परंतु हिमाचल के निकट उन्हें भारी तूफ़ान का सामना करना पड़ा। टोकरी उनके सिर से फिसली और सारे देवता आसपास की पहाड़ियों की धरती पर जा गिरे। ये वही कुल्लू और मनाली के देवता हैं जो प्रतिवर्ष दशहरा के उत्सव पर, आपस में भेंट करने तथा राजाओं के संरक्षक रघुनाथ राम तथा महान राज माता हिडिम्बा के दर्शन करने आते हैं।

*पहाड़ी देवताओं के मुखौटे*

पड़ोसी उत्तरांचल में, हर-की-दून (एक प्रसिद्ध ट्रैकिंग स्थल) की घाटियों में, महाभारत के विविध पात्रों को समर्पित अनेक मंदिर हैं जिनमें दुर्योधन व कर्ण का मंदिर भी शामिल है। कहते हैं कि इन्हीं पहाड़ों से पांडव, इंद्र के धाम, स्वर्गलोक की ओर प्रस्थान कर गए थे।

ये कथाएँ हमें एक बार फिर से याद दिलाती हैं कि किस तरह भारत का विचार एक राजनीतिक शक्ति का काम नहीं है, जैसा पश्चिमीकृत विद्वानों का मानना है, यह तो विश्वास और तीर्थ यात्रा से आपस में बँधा है। पहाड़ रामायण और महाभारत जैसे महाकाव्यों से आपस में बँधे हैं। दोनों महाकाव्यों में राक्षसों के बारे में बताया गया है जो नायकों का सामना करते हैं। महाभारत में, राक्षसों को प्रायः असुर कहा जाता है, हालाँकि असुरों को देवों का शत्रु तथा राक्षसों को वैदिक ऋषियों का शत्रु कहा गया जो आदान-प्रदान के अनुष्ठान, यज्ञ के आधार पर वैदिक संस्कृति स्थापित

करना चाहते हैं। गंधर्वों और नागों की तरह, संभवतः राक्षस भी कटु पर्वतीय और जनजातीय कबीले थे, जो वैदिक तरीक़ों से अनभिज्ञ थे। कुछ लोग वैदिक तरीक़ों में घुल-मिल गए, कुछ बाहरी किनारों पर रहे और कुछ ने पूरी तरह से अलग रहना पसंद किया, जब भी संस्कृतियाँ आपस में मिलती और टकराती हैं तो ऐसा ही होता है।

आज, औपनिवेशिक प्रभाव और इस्लाम और ईसाई धर्म में ईश्वर-शैतान की अवधारणा के पूर्व वर्चस्व के कारण, हम राक्षसों और असुरों को 'इविल' के रूप में देखने लगे हैं। परंतु 'इविल' शब्द का किसी भी भारतीय भाषा में अनुवाद नहीं हो सकता। पुराणों में इन असुरों को ब्रह्मा और कश्यप के वंशज कहा गया, जैसे अन्य देव व ऋषि थे। इससे हमें 'वसुधैव कुटुंबकम' के सार्वभौमिक भाईचारे की भावना का स्मरण होता है - यह सारा जगत एक परिवार ही है। भले ही पांडवों ने हिडिम्बा को पांडव वंश की रानी का मान देते हुए, उसके पहले पुत्र घटोत्कच को, पांडवों के राज्य का सच्चा उत्तराधिकारी नहीं माना, परंतु हिडिम्बा के लोगों ने उसे देवी माता के रूप में जाना, शक्ति का प्रतिरूप, स्थानीय देवकुल का एक अंग और उसे विस्तृत हिंदू विधान से जोड़ दिया।

# 5

# द्वारका : युद्ध से विमुख

गुजरात के जामनगर जिले में, द्वारकाधीश मंदिर में दो द्वार हैं : प्रमुख उत्तरी द्वार मोक्ष द्वार तथा दक्षिणी द्वार स्वर्ग द्वार कहलाता है। वे दोनों विपरीत दिशाओं में क्यों हैं? क्या यह हिंदू प्रज्ञा की कोई कूट भाषा है?

पुराणों में, उत्तर स्थायित्व का प्रतीक है क्योंकि यह ध्रुव तारे की दिशा है और दक्षिण इसके विपरीत यमलोक, अस्थायित्व या नश्वरता का प्रतीक है। ये दोनों द्वार तीर्थ यात्रियों को मनुष्य के जीवन के दो लक्ष्यों की ओर ले जाते हैं : सभी क्षुधाओं से मुक्ति; मोक्ष तथा सभी क्षुधाओं का भोग; स्वर्ग। केवल मोक्ष ही स्थायी है, बाक़ी सब कुछ अस्थायी व अनित्य है। ऋषि मुग्दल ने महाभारत महाकाव्य में, हिंदू धर्म के इतिहास में पहली बार, इस चुनाव की ओर ध्यान दिलाया।

महाभारत में एक युद्ध का वर्णन है और पारंपरिक मान्यता के अनुसार यह युद्ध पाँच हज़ार वर्ष पूर्व हुआ। हालाँकि, हमारे पास जो पाठ्य है, वह केवल दो हज़ार वर्ष पुराना है। यहाँ अनुष्ठानों के नियमित प्रदर्शन से वैदिक स्वर्ग की प्राप्ति तथा विवेक के माध्यम से, मोक्ष के उपनिषद संबंधी विचार को एक साथ प्रस्तुत किया गया।

महाभारत में ही हमारा परिचय पांडवों के ममेरे भाई कृष्ण से होता है, जो द्वारका में रहते हैं। परंतु क्या वे वही कृष्ण नहीं हैं जो ब्रज में, गंगा के मैदानी इलाक़े मथुरा से संबंध रखते हैं? उनका आवास भारत के पश्चिमी घाट में कैसे आया जो कभी अनर्त कहलाती थी? इसके लिए हमें कृष्ण के जीवन के उस अल्प ज्ञात भाग की ओर जाना होगा, जो सबसे पहले हरिवंश में प्रकट होता है। हरिवंश महाभारत का ही परिशिष्ट है, इसे बाद में *भागवत पुराण* में विस्तृत रूप दिया गया।

जब कृष्ण ने अपने मामा कंस का वध किया, तो मथुरावासी झूम उठे। यह समाचार मगध नरेश, जरासंध तक भी गया, जो कंस का श्वसुर भी था। उसने मथुरा पर धावा बोला और सारी नगरी को जला कर राख़ कर दिया। कृष्ण को विवश होकर, मथुरावासियों को, रेगिस्तान के पार, एक ऐसे द्वीप पर ले जाना पड़ा जिसे अब बेट द्वारका के नाम से जानते हैं। इसी द्वीप पर कभी कुशस्थली नगरी हुआ करती थी, जिस पर राजा रेवत का शासन था परंतु वह नगरी ध्वस्त हो चुकी थी। एक बार राजा रेवत ब्रह्मा जी के दर्शन करने गए। वे अपनी पुत्री के लिए उपयुक्त वर की खोज कर रहे थे। उन्हें यह अनुभव नहीं था कि ब्रह्मलोक का एक दिन, धरती के हज़ारों वर्षों के समान होता है।

जब महाराज रेवत वापस आए, तो उन्होंने पाया कि उनकी नगरी पर कृष्ण और यादवों का अधिकार हो चुका था। वे अप्रसन्न हुए परंतु फिर उन्हें समझ आया कि यह उनकी अपनी ही मूर्खता का परिणाम था। जब कृष्ण ने सुझाव दिया कि उनके बड़े भाई बलराम का विवाह, रेवत की पुत्री से हो सकता था तो सब कुछ ठीक हो गया। रेवत की पुत्री, रेवती से विवाह कर, बलराम भूतपूर्व राजा के दामाद बने। इस प्रकार उस द्वीप पर यादव वंश का दावा पक्का हो गया।

*द्वारका का मंदिर*

द्वारका के कृष्ण द्वारकाधीश कहलाते हैं, जिसे प्रायः 'द्वारका के राजा' कह दिया जाता है, जो अनुचित है क्योंकि कृष्ण राम की भाँति नहीं थे, वे कभी राजा नहीं बने। वे द्वारका के *अभिभावक* हैं। यादवों के वंश में राजत्व की अवधारणा ही नहीं थी, तभी तो वे कंस से घृणा करते थे; वे परस्पर सहमति से शासन चलाने में विश्वास रखते थे, दूसरे शब्दों में इसे प्रजातंत्र भी कह सकते हैं।

द्वारका के कृष्ण रण-छोड़-राय भी हैं, इसका अर्थ है कि जो एक बार युद्ध से पीठ दिखा कर भाग गए थे। दूसरे शब्दों में, भगोड़े! यहाँ इस बात पर भी ध्यान देना चाहिए कि कृष्ण का युद्ध से भागने वाला यह रूप, उन मंदिरों में फला-फूला, जिन्हें राजपूत राजाओं ने संरक्षण दिया। क्यों? शायद इससे गर्वीले राजपूतों को यह स्मरण करवाया जाना था कि अगर आवश्यकता हो तो युद्ध से कूटनीतिक पलायन भी अनुचित नहीं है। अंततः कृष्ण पांडवों की सहायता से जरासंध का वध करते हैं, जैन लोकगाथाओं में यह प्रसंग विस्तार से कहा गया है।

जब भी हम द्वारका के कृष्ण के बारे में सोचें तो हमें तीन तीर्थों के बारे में विचार करना होगा : बेट द्वारका, वह द्वीप जहाँ प्रारंभ में कृष्ण प्रतिमा स्थापित की गई; द्वारका, जहाँ मूर्ति को इस समय पाँच मंज़िला, चूना पत्थर से बने मंदिर में प्रतिष्ठित किया गया है। यह मंदिर पंद्रहवीं सदी में चालुक्य शैली में बनवाया गया था; और गुजरात के खेड़ा जिले में डाकोर, कहते हैं कि वहाँ द्वारका की मूर्ति, सत्रहवीं सदी में बोडाना नामक भक्त को दर्शन देने के लिए स्वयं आई, वह वृद्ध होने के कारण द्वारका की वार्षिक तीर्थ यात्रा नहीं कर सकता था।

*द्वारकाधीश जी*

इन मंदिरों में कृष्ण की मूर्ति बहुत महत्त्वपूर्ण है। इसकी चार भुजाएँ हैं। ऊपरी भुजाओं में, बाएँ हाथ में चक्र तथा

दाएँ हाथ में गदा लिए हुए हैं; और निचली भुजाओं में, बाएँ हाथ में शंख तथा दाएँ हाथ में कमल थामा हुआ है। यह मूर्ति, हमें वामन की मूर्ति की झलक देती है जो विष्णु का वामन अवतार थे। परंतु मंदिर में, इन्हें कृष्ण माना गया है। द्वारका के कृष्ण वयस्क, अधिक परिपक्व द्वारकाधीश हैं, जबकि डाकोर के कृष्ण युवा, अधिक आनंदी, रण-छोड़-राय हैं, कृष्ण ने हाथ में बाँसुरी ले रखी है; प्रायः समारोहों के दौरान वे इसी रूप में दर्शाए जाते हैं।

इनमें से किसी भी मंदिर में, कृष्ण का संबंध राधा से नहीं दिखाया गया। राधा की लोकप्रियता गंगा के मैदानी क्षेत्रों, बंगाल और ओड़िशा तक ही सीमित है।

*कृष्ण वृंदावन से जाते हुए*

बाक़ी देश में, अधिकतर कृष्ण मंदिरों में, कृष्ण अकेले खड़े दिखते हैं या उन्हें उनकी आठ पटरानियों अथवा लक्ष्मी के साथ दिखाया जाता हैं। कृष्ण की आठ पटरानियाँ थीं, अष्टभार्या। बेट द्वारका में, उनकी रानियों सत्यभामा और जांबवती को समर्पित मंदिर भी हैं। द्वारका में कृष्ण की पटरानी रुक्मिणी का मंदिर है। डाकोर में, लक्ष्मी मंदिर है। वैष्णव परंपरा के अनुसार द्वारका का रुक्मिणी मंदिर तथा डाकोर का लक्ष्मी मंदिर, कृष्ण के मंदिर से अलग हैं और कुछ दूरी पर हैं, यह देवियों की स्वायत्तता का सूचक है।

महाभारत से पता चलता है, अंततः द्वारका नगरी प्रलय में जलमग्न हो गई थी। पुरातत्व विभाग को, द्वारका के सागर तट के निकट प्राचीन जलमग्न

नगरों का पता चला है जो हड़प्पा काल के आसपास के हैं। क्या यह कृष्ण की नगरी थी? आस्थावान कहते हैं, हाँ ऐसा ही था। वैज्ञानिक साक्ष्य के अभाव में एक अलग तर्क देते हैं। वे इस विषय में राजनीतिक जुनून के प्रति सजग हैं क्योंकि बहुत से लोग चाहते हैं कि कृष्ण को अतीत से जुड़ा एक ऐतिहासिक चरित्र माना जाए। हालाँकि, भक्तों के लिए, कृष्ण एक पौराणिक पात्र हैं जो सनातन हैं और आज भी मंदिर में द्वारका के अभिभावक बने खड़े हैं; ऐसी नगरी जो मोक्ष और स्वर्ग के लिए द्वार का काम करती है।

# 2

# श्रमण युग
## (ढाई हज़ार वर्षों से)

रामायण और महाभारत के प्रसंग बुद्ध और जिन महावीर के समय से भी पहले के हैं परंतु ये दोनों महाकाव्य बहुत बाद में लिखे गए। इन कहानियों में हम श्रमण और संसारी के बीच का संघर्ष देखते हैं। श्रमण समाज से कट कर जीना चाहता है, जो जन्म और पुनर्जन्म के चक्र में उलझा है और संसारी समाज में जीना चाहता है। अपने कर्तव्यों की पूर्ति करते हुए, पुनर्जन्म के चक्र से मुक्ति चाहता है। कर्म की अवधारणा, भारतीय दर्शनों का आधार रही है जो गंगा के मैदानी इलाक़ों से निकली और यह अवधारणा भारत के अतिरिक्त और कहीं नहीं पाई जाती। इसे सनातन और सत्य माना जाता है।

जहाँ बौद्ध और जैनियों ने श्रमण मार्ग चुना, वहीं हिंदुओं ने श्रमण-संसारी का मार्ग अपनाया। बौद्ध और जैन भिक्षुओं ने उत्तर से दक्षिण की यात्रा की, पूर्व से पश्चिम की ओर गए, प्राचीन युग के ऋषियों का अनुसरण किया और अपने विचार प्रसारित किए। जिन्होंने उनका स्वागत किया, वे भाग्यवान जाने-माने सम्राट कहलाए जैसे मगध के अशोक, उन्होंने अपने लिए बौद्ध धर्म को चुना और ओड़िशा के खारवेल, जिन्होंने जैन धर्म को अपनाया।

इन परिव्राजक भिक्षुओं का मार्ग, राज्यों से किसी चक्र की धुरियों की तरह निकला। उन्होंने ऐसे राजमार्गों को जन्म दिया, जिनका प्रयोग व्यापारियों और सेनाओं ने किया और अंततः चक्र के प्रतीक, भारत की भौतिक और आध्यात्मिक शक्ति के प्रतीक को प्रभावित किया। चक्र का गोला, देह और केंद्र देहि था, जिसे जैनियों ने जीव और हिंदुओं ने आत्मा कहा। बौद्धों ने

पहिए की धुरी को शून्य कहा तो हिंदुओं ने आग्रह किया कि वह अनंत था। इन दार्शनिक विचारों का गणित पर भी गहरा प्रभाव रहा है।

# 6

## रणकपुर :
## तीर्थ की खोज करने वाले

मेरे सामने आलथी-पालथी लगाए दिगंबर ऋषभ की विशालकाय प्रतिमा थी जिसके मुख पर प्रशांत भाव देखा जा सकता था। वे सबसे अधिक पूजनीय जिन या जैन तीर्थंकर हैं। तीर्थ यानी, नदी का वह उथला स्थान जिसे पार करने के लिए पुल की आवश्यकता नहीं होती। यह जैन प्रज्ञा का रूपक है, नदी के बीच ऐसा उथला स्थान, जो हमें बंधन के भौतिक संसार से, स्वतंत्रता के आध्यात्मिक जगत की ओर ले जाता है। जो इस स्थान या तीर्थ को पा लेता है, वही सच्चा विजेता या जिन होता है। ऋषभ इस युग के प्रथम तीर्थंकर थे, यही कारण है कि उन्हें आदिनाथ भी कहते हैं। जैनियों का मानना है कि अनंत युग हुए हैं और प्रत्येक युग में चौबीस तीर्थंकर होते हैं।

यहाँ एक छत का चित्र दिखाया गया है जिस पर संगमरमर से बहुत ही सुंदर नक़्क़ाशी के साथ कल्प-वृक्ष उकेरा गया है। माना जाता है कि अगर आप इसके नीचे खड़े हो जाएँ, और कोई मनोकामना प्रकट करें, तो वह अवश्य पूरी होती है। पर्यटकों के गाइड ने यही कहा था और उत्सुक तीर्थयात्रियों ने क़तार में खड़ा होना आरंभ कर दिया जो अपनी इच्छा पूरी करना चाहते थे। जब मैं भी अपनी मनोकामना प्रकट कर रहा था तो किसी

महिला की दबी हँसी का स्वर सुना। 'ये लोग विडंबना को नहीं समझते। यह मनोकामना पूरी करने वाला वृक्ष है और उनके सामने ऐसे तीर्थंकर उपस्थित हैं जो संसार के सम्राट थे, उन्होंने अपना सब कुछ त्याग दिया और सारी इच्छाओं से परे हो गए।' मैं खिसिया कर उस जगह से हट गया।

मैंने गाइड को स्तंभ पर एक छोटे से अंकन की ओर संकेत करते हुए पाया, वह पर्यटकों को बता रहा था, 'यह इस भव्य मंदिर का निर्माण करवाने वाले व्यक्ति धन्ना शाह का एकमात्र चित्र है। वह बहुत समझाने के बाद इस जगह पर अपना चित्र लगवाने को राजी हुआ, परंतु उसका आग्रह था कि उसका चित्र हथेली भर से बड़ा नहीं हो और कहीं से भी मूल नायक की प्रतिमा के आगे नहीं आना चाहिए।' यह बात आजकल के मंदिरों के संरक्षकों और प्रायोजकों से कितनी अलग है। जैन मंदिर की विशेष पवित्र प्रतिमा के लिए मूल नायक शब्द का प्रयोग होता है। हिंदू मंदिरों में बहुत से देवी-देवताओं को प्रतिष्ठित किया जाता है परंतु जैन मंदिर में, केवल एक तीर्थंकर का मंदिर होता है जिन्होंने कैवल्य पद पा लिया है।

मैं उस व्यक्ति को देखने लगा, जिसे धन्ना शाह कहते हैं, उसके धन और स्वप्न के बल पर ही रणकपुर का जादुई मंदिर बना। यह मंदिर लगभग छह सदी पूर्व, राजस्थान के पाली जिले में अरावली की हरी-भरी घाटी में बनाया गया था। यह स्थान उदयपुर से लगभग सौ किलोमीटर की दूरी पर है। मेरी दृष्टि मंदिर के स्तंभों पर जा टिकी। ये लगभग 1444 स्तंभ हैं, इनमें से प्रत्येक अनूठा है, हालाँकि इस बारे में यक़ीन से नहीं कह सकते क्योंकि इन्हें गिनने का काम बहुत कठिन है।

*रणकपुर मंदिर*

किंवदंती के अनुसार धन्ना शाह ने नलिनी-गुल्म विमान का सपना देखा, जिसका शाब्दिक अर्थ है - 'स्तंभों से युक्त उड़ने वाला महल'। इसमें केवल स्वर्गिक जीवों का ही वास होता है। उन्होंने शिल्पकारों से कहा कि ऐसा ही एक मंदिर बना दें परंतु उनमें से किसी का भी नमूना उन्हें संतुष्ट नहीं कर पाया। अंततः देपा नामक मनमौजी कलाकार का नमूना मन को भा गया। वह कलाकारों में बहुत लोकप्रिय नहीं था। वह कला से प्रेम करता था और किसी की ताबेदारी नहीं करता था, यही कारण था कि उसने निर्धनता से समझौता करना बेहतर समझा। धन्ना में, उसे अपने लिए एक संपूर्ण संरक्षक मिल गया। धन्ना के पास धन, स्वप्न और आस्था थी और देपा के पास इस परियोजना के लिए उपयुक्त कौशल और कारीगरी थी। इस प्रकार भारत में एक और अद्भुत जैन मंदिर के निर्माण का कार्य आरंभ हुआ। स्थानीय शासक राणा कुंभा ने मंदिर के लिए भूदान किया, तभी ये रणकपुर के मंदिर कहलाते हैं।

इनमें आदिनाथ की चार प्रतिमाएँ हैं, जिनमें से प्रत्येक का मुख अलग-अलग दिशा में है, इन्हें ऊँची स्तंभचौकी पर प्रतिष्ठित किया गया है। यदि दूर से देखा जाए तो संगमरमर में ढला यह भव्य मंदिर, 48,000 वर्ग फुट में फैला है, जिसमें उनतीस कक्ष और आठ गुबंद हैं जिन पर लहराते ध्वज हवा से अठखेलियाँ करते हैं - यह वास्तव में एक उड़ने वाले विमान जैसा दिखाई देता है।

भारत के सभी मंदिर विमान कहलाते हैं। इन्हें अधिष्ठित देवों के उड़नखटोले या रथ माना जाता है। हिंदू, बौद्ध और जैन पौराणिक गाथाओं में इनका वर्णन आता है। इनमें से रावण का पुष्पक विमान सर्वाधिक लोकप्रिय है, जो लंका का राजा था।

जैन रामायण में, रावण एक जैन था, जो शांतिनाथ का उपासक था। वह स्वामी मुनिसुव्रत के काल में हुआ, और लक्ष्मण के हाथों (राम के नहीं) मारा गया क्योंकि

*आदिनाथ जी*

उसने सीता हरण का अपराध किया था। भावी जीवन में, किसी भावी युग में, अपने कर्मों के भार से मुक्त होने के बाद, रावण एक ऋषि होगा, जो अपनी सारी इच्छाओं से मुक्त होकर, अपने जीव को मुक्त कर लेगा और इस प्रकार तीनों लोकों से परे, सिद्ध लोक को पाने का अधिकारी होगा।

*सर्वज्ञ जिन देवों, मनुष्यों, सर्पों, पक्षियों, पशुओं और ब्रह्माण्ड के सभी जीवों को प्रवचन देते हुए*

संभवतः विमान का संदर्भ उससे है जो मन को उन्नत और विस्तारित करते हुए, उस परम अवस्था तक ले जाता है जहाँ किसी भय या अज्ञान के लिए जगह नहीं रहती। कला और सौंदर्यबोध के मध्य से भी इसे पाया जा सकता है। यही कारण है कि रणकपुर मंदिर, जिसमें संसार त्यागी श्रमण की चार प्रतिमाओं को प्रतिष्ठित किया गया है, उसे इतनी ख़ूबसूरती से तराशा गया है।

हर स्तंभ पर पौधों, पशुओं, नायकों और युवतियों व जटिल ज्यामिती नमूनों के अंकन देखे जा सकते हैं। कोई भी दो स्तंभ एक से नहीं हैं। ये स्तंभ इस तरह बनाए गए हैं कि इनमें प्रकाश और छाया का खेल सा चलता रहता है। इनके बीच हवा इस तरह बहती है कि एक बार मंदिर में प्रवेश के बाद आपको ठंडक का अहसास होता है जबकि यह मंदिर रेगिस्तानी इलाक़े में बना हुआ है। एक स्तंभ पर गुंथा हुआ सर्प मेरा प्रिय रहा है। आप इसकी पूँछ खोज ही नहीं सकते। कई बार तो लगता है कि यह संगमरमर है या इसे लेस से बुना गया है या फिर पत्थर में क्रोशिया का नमूना सजा दिया गया है।

मंदिर का निर्माण होने में पचास से अधिक वर्ष लगे और यह पंद्रहवीं और सोलहवीं सदी में बहुत लोकप्रिय था। सत्रहवीं सदी में, इसे त्याग दिया गया, स्थानीय लोग मुगलों के आक्रमणों से भयभीत होकर यह जगह छोड़ गए थे, इसके बाद यह जगह डाकुओं का स्वर्ग बन गई। बीसवीं सदी के मध्य में, मंदिर को उसकी भूतपूर्व ख्याति लौटाने के प्रयत्न आरंभ हुए। इसके लिए आनंदजी कल्याणजी ट्रस्ट का आभार प्रकट करना चाहिए, जिनके प्रयत्नों से यह संभव हो सका। यह पिछले तीन सौ सालों से पूरे भारत में, श्वेतांबर संप्रदाय के जैन मंदिरों की देख-रेख का काम सँभाल रहा है। 1953 में, इसे जनता के लिए दोबारा खोला गया। ट्रस्ट मंदिर के प्रांगण में ही एक कैंटीन चलाता है, जहाँ आप बिना मसालों का पौष्टिक भोजन कर सकते हैं। जैन परंपरा के अहिंसा के नियम को ध्यान में रखते हुए इस जगह कोई कंद सब्ज़ियाँ नहीं पकाई जातीं।

*इस युग के चौबीस जिनों में से एक*

जैसा कि हमने पहले देखा, आदिनाथ सबसे पहले राजा थे जो तीर्थंकर बने। उन्होंने कृषि की शुरुआत करवाते हुए, सभ्यता की स्थापना की। उनका जन्म अयोध्या में हुआ और उन्होंने कैलाश पर्वत पर मोक्ष प्राप्त किया। उनके पुत्र, भरत

भी महान राजा थे और हमारा देश उनके नाम से जाना जाता है। उनकी पुत्री ब्राह्मी ने संसार को ब्राह्मी लिपि दी। उनकी एक और पुत्री सुंदरी ने संसार को गणित दिया। आदिनाथ मंदिर उनकी कीर्ति के अनुरूप ही है।

# 7

# श्रावणबेलगोला : बाहुबली का हाथी

कर्नाटक राज्य में, बेंगलुरू से 150 कि.मी. की दूरी पर, हसन जिले में श्रवणबेलगोला स्थित है, जहाँ एक झील है जिसे सफ़ेद (बिली) झील (गोला) के नाम से जाना जाता है, इसके कारण ही इस जगह को यह नाम मिला। इसके अतिरिक्त यहाँ दो पाषाण पर्वत भी हैं, चंद्रगिरि और विंध्यगिरि, जो प्राचीन मौर्य वंश के संस्थापक चंद्रगुप्त से संबंध रखते हैं।

अधिकतर लोगों ने वे प्रसंग सुने होंगे कि किस तरह चतुर ब्राह्मण चाणक्य ने चंद्रगुप्त को सेना खड़ी कर, नंद को पराजित करने और मौर्य साम्राज्य स्थापित करने में सहायता की, जिसकी राजधानी पाटलिपुत्र में बनाई गई। इसने ही सिकंदर की यूनानी सेना को भारत से पीछे रखा। परंतु बहुत से लोगों ने चंद्रगुप्त के आध्यात्मिक गुरु, भद्रबाहु नामक जैन मुनि के बारे में नहीं सुना होगा। भारी अकाल के बाद, चंद्रगुप्त का मन सांसारिक मामलों से विरक्त हो गया और उन्होंने अपना सिंहासन अपने पुत्र बिंदुसार को सौंप दिया। वे एक जैन मुनि के रूप में, कर्नाटक के पाषाण पर्वतों की ओर दक्षिण में निकल गए और वह स्थान उनके नाम पर चंद्रगिरि कहलाया।

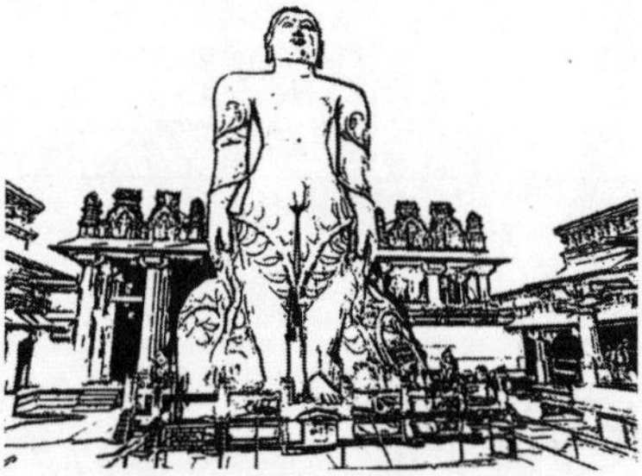

गोमटेश्वर बाहुबली

यहाँ भद्रबाहु ने और बाद में चंद्रगुप्त ने संलेखण किया, इस जैन अनुष्ठान में साधक अपने जीवन का अंत करने के लिए स्वेच्छा से भोजन का त्याग कर देता है ताकि अपनी मर्जी से देह त्याग सके, इसे जैन धर्म में त्याग की पराकाष्ठा माना गया है। यह 2,300 वर्ष पूर्व हुआ था। और इस प्रकार, चंद्रगिरि पहाड़ी पर, भद्रबाहु के नाम पर एक गुफा और भूतपूर्व मौर्य सम्राट के नाम पर एक बसादि (जैन मंदिर) बनवाया गया। इसी जगह विविध जैन तीर्थंकरों के लिए कई अन्य तीर्थ भी बने हैं और इसके साथ ही उनके संरक्षक यक्ष और यक्षिणियों के भी अनेक मंदिर हैं।

इसके सामने की विंध्यगिरि पहाड़ी पर, संसार की सबसे लंबी प्रतिमाओं में से एक, 57 फुट ऊँची बाहुबली की प्रतिमा है, जिसे प्रत्येक बारह वर्ष बाद दुग्ध और सुगंधित जल से स्नान करवाया जाता है। यह प्रतिमा चावुंडराय के लिए एक हज़ार वर्ष पूर्व गढ़ी गई थी क्योंकि उसकी माता की यही इच्छा थी। चावुंडराय पश्चिमी गंगा का सैन्य प्रमुख था, जो राष्ट्रकूट राजाओं का सामंत था। वह मध्ययुगीन कर्नाटक इतिहास में एक प्रभावशाली व्यक्तित्व और साहित्य का संरक्षक था, जिसने कन्नड़ में प्रारंभिक मौजूदा साहित्य की रचना भी की।

यह याद रखना बहुत महत्त्वपूर्ण है कि 'एक हज़ार वर्ष पूर्व' का क्या अर्थ है : यह वह समय था, जब भारत की प्रांतीय भाषाएँ और भारत की लिपियाँ अभी उभर ही रही थीं, जब इस्लाम ने भारत पर अपना प्रभाव नहीं डाला था, जब आदि शंकराचार्य, जो शंकर भी कहलाते थे, वेदांत पर अपना भाष्य लिख चुके थे, परंतु रामानुज और माधव ने नहीं लिखा था। उसी समय तमिल अलवर तथा नयन्नार काव्य रचा जाने लगा था, भक्ति आंदोलन अभी उभर ही रहा था, और अधिकतर दक्षिण भारत जैन और बौद्ध सिद्धांतों के प्रभाव में था।

उस समय बाहुबली की कथा बहुत लोकप्रिय थी। हमें संस्कृत के साथ कन्नड़ में भी उनकी कथा के पुनः पाठ मिलते हैं। जैन पौराणिक गाथाओं में, जगत का कोई आदि और अंत नहीं है। यह सौभाग्य (उत्सर्पिणी) तथा दुर्भाग्य (अवसर्पिणी) की लहरों के अनुसार चलता है। इन लहरों में, चौबीस तीर्थंकर तथा बारह महान राजा होते हैं जिन्हें तीर्थंकर कहते हैं। वर्तमान लहर में ऋषभ-नाथ पहले तीर्थंकर थे। वे एक महान राजा थे, उनके सौ पुत्र थे। उन्होंने भौतिक संसार का त्याग करने से पूर्व अपने पुत्रों को सौ राज्य सौंप दिए। उन्होंने अपनी दो पुत्रियों, ब्राह्मी और सुंदरी को लेखन और गणना की कला सौंपी।

उनका सबसे बड़े पुत्र भरत को चक्रवर्ती बनना था, संपूर्ण जगत का शासक। इसका अर्थ था कि उनके भाइयों को उन्हें अपने स्वामी के रूप में स्वीकार करना था। ऐसा करने के बजाए, उनके भाइयों ने अपने राज्यों का त्याग किया और भिक्षु बन गए। केवल बाहुबली ने ही ऐसा नहीं किया। तब भरत ने बाहुबली के साथ युद्ध करने का निर्णय लिया। अनावश्यक रक्तपात से बचाव करने के लिए तय किया गया कि दो भाइयों के बीच मल्ल युद्ध होगा और उनके बीच ही यह निर्णय हो जाएगा (वर्तमान में संघर्षरत राजनेताओं को भी इस सबक़ पर विचार करना चाहिए)। इस मल्ल युद्ध में बाहुबली की विजय हुई। वे भरत पर अपनी मुट्ठी से प्रहार करने ही वाले थे तब उन्हें अचानक आत्म-बोध के गहन क्षण का अनुभव हुआ : वे अपने ही बड़े भाई पर प्रहार कैसे कर सकते थे? क्यों? उन्होंने संसार का त्याग करने का निर्णय कर लिया, और तय किया कि वे भी अपने अन्य भाइयों की तरह भिक्षु बनेंगे परंतु इसका अर्थ होगा कि उन्हें मठ में अपने भाइयों के आगे भी शीश झुकाना होगा, भले ही वे उनसे छोटे थे परंतु वे उनसे पहले भिक्षु बन चुके थे इसलिए वे अब वरिष्ठ भिक्षुओं की श्रेणी में आते थे। वे किसी के आगे शीश नहीं झुकाना चाहते थे। वे सारे संसार का त्याग करना चाहते थे, परंतु वे जिस भूमि पर खड़े थे, उसका त्याग कैसे कर सकते थे, वह भूमि जो अब भरत के नियंत्रण में थी?

बाहुबली भरत पर वार करने के लिए अपना हाथ उठा चुके थे। उन्होंने उसी हाथ से अपने सिर के बाल नोच लिए, इस प्रकार संसार के आगे घोषणा कर दी कि उन्होंने अपने मुकुट और राज्य का त्याग कर दिया है। वे

एक स्थान पर बिना हिले, अडोल खड़े हो गए, उन्होंने उससे अधिक स्थान लेने से इंकार कर दिया। उन्होंने नेत्र मूँदे और ध्यानमग्न हो गए। उनके वस्त्र शरीर से उतर कर गिर गए परंतु उन्होंने नेत्र नहीं खोले। उनकी देह पर चींटियाँ और सर्प चढ़ने लगे, परंतु उन्होंने नेत्र नहीं खोले। पैरों के आसपास लताएँ चढ़ गईं, परंतु उन्होंने फिर भी नेत्र नहीं खोले।

सभी इस महान मुनि को देख कर आश्चर्य में थे। वे सभी आए और उन्हें प्रणाम किया, सभी आए, भरत और उनके सभी भाई भी आए। अंत में बहनें आईं, उन्होंने लक्ष्य किया कि ध्यान और तप ने बाहुबली को महान प्रज्ञा प्रदान की थी परंतु वे अभी संपूर्ण प्रज्ञा से एक क़दम की दूरी पर थे। उन्होंने कहा, 'हाथी से उतरो'। ये शब्द सुनते ही अंतिम बाधा भी दूर हो गई। बाहुबली को अनुभव हुआ कि उनका अहं ही उन्हें प्रज्ञावान जन के लोक में प्रवेश करने से रोक रहा था। अहं ने ही उन्हें राजा बने हुए भरत के आगे झुकने नहीं दिया, अहं ने ही उन्हें भिक्षु बने हुए भाइयों के आगे झुकने नहीं दिया, अहं ने ही उन्हें उस भूमि पर खड़े होने से रोका, जो किसी दूसरे की थी। बाहुबली ने वही किया जो उनकी बहनों ने कहा और सर्वाधिक पवित्र और महान जैन मुनियों में नाम कमाया, पैरों में लताएँ लिपटी हुई उनकी छवि उन सभी बंधनों का प्रतिनिधित्व करती हैं, जो हमें इस धरती से बाँधते हैं और उत्थान की ओर नहीं जाने देते।

# 8

## बोधगया :
## बोधि वृक्ष तले

क्या आपने बोधिरक्षित के विषय में सुना है? वे भारतीय इतिहास में ऐसे पहले तीर्थयात्री हैं जिनका लिखित विवरण मिलता है। स्थानीय अभिलेखों के अनुसार, वे पहली सदी में श्रीलंका से बोधगया आए। यह स्थान बिहार में, आधुनिक पटना से सौ किलोमीटर की दूरी पर स्थित है। वे उस प्रसिद्ध बोधि वृक्ष अथवा पीपल के पेड़ के दर्शन करना चाहते थे जहाँ बुद्ध ने प्रबोधन पाया। निःसंदेह, उनकी यात्रा के दौरान, उन्होंने 180 फ़ीट ऊँचा पिरामिड शैली में बना महाबोधि मंदिर नहीं देखा होगा, जो बुद्ध, बोधिसत्वों, उग्र देवों और देवियों जैसे यमांतक और वज्रवराही के चित्रों से भरा है, जो आगे चल कर महायान और तांत्रिक बौद्ध धर्म का अंग बने। ईंटों से बनी यह संरचना, उनके आगमन के पाँच सौ वर्ष बाद गुप्त काल में बनाई गई।

आज जब हम बौद्ध पर्यटन स्थलों के रूप में प्रसिद्ध स्थलों को देखने बोधगया जाते हैं और हमारा सामना चीन, जापान, कोरिया, थाईलैंड, यूरोप और अमेरिका से आए तीर्थयात्रियों से होता है तो हमें लगता कि यह तीर्थस्थल पिछले ढाई हज़ार वर्षों से, तब से वहीं था, जब शाक्य वंश के

सिद्धार्थ गौतम ने प्रबोधन पाया। परंतु ऐसा नहीं है, वास्तव में, उन्नीसवीं सदी के प्रारंभ में, भारत में किसी को बौद्ध धर्म के विषय में कोई जानकारी तक नहीं थी। बुद्ध को विष्णु का अवतार माना जाता था और कुछ पुराणों में उनका वर्णन मिलता था। महाबोधि मंदिर और उसके आसपास की भूमि, सोलहवीं सदी से किसी हिंदू महंत के नियंत्रण में थे।

अंग्रेज़ इतिहासकारों तथा पुरातत्त्ववेत्ताओं ने बौद्ध धर्म की नए सिरे से खोज करने में महत्त्वपूर्ण भूमिका निभाई। सर एडविन आर्नोल्ड ने अपने मौलिक आलेख *द लाइट ऑफ़ एशिया* में बुद्ध के प्रबोधन की कथा कही है। अंग्रेज़ सैन्य अधिकारी तथा पुरातत्वविद् सर अलैक्ज़ेंडर कनिंघम ने बोधगया के पुरानी क्षत-विक्षत संरचनाओं की बौद्ध प्रकृति को पहचानने में अहम भूमिका निभाई। श्रीलंका के अंगरिका धर्मपाल ने इस स्थल की खोई हुई कीर्ति को वापस लाने में अहम भूमिका निभाई। उन्होंने एक क़ानूनी प्रक्रिया आरंभ की जिसके अनुसार बौद्ध उन्नीसवीं सदी के अंत में इस जगह पर पुनः अपना दावा कर सके। 1933 में उनका देहांत हो गया, भारत सरकार ने 1949 में बोधगया को एक बौद्ध तीर्थस्थल के रूप में मान्यता दी। बरसों से इस जगह के प्रशासन के संबंध में दावे और प्रतिदावे होते आए हैं, कुछ हिंदू इसे हिंदू तीर्थस्थल मानते हैं। हालाँकि धीरे-धीरे इसका प्रबंधन बौद्धों को ही सौंपा जा रहा है, जिनमें केवल भारत के ही नहीं बल्कि सारे संसार भर के बौद्ध शामिल हैं। आज, बोधगया को यूनेस्को वर्ल्ड हेरिटेज साइट के रूप में जाना जाता है।

*बोधगया का मंदिर*

ढाई हज़ार वर्ष पूर्व, जब कपिलवस्तु में शाक्य वंश के नेपाली युवराज सिद्धार्थ इस स्थान पर आए तो उन्होंने इसका वर्णन करते हुए कहा, “मैंने उस जगह एक सुंदर ग्रामीण स्थल देखा, एक सुंदर कुंज, नदी का स्वच्छ प्रवाहित जल, एक बहुत ही प्यारा घाट और सहारा देने को पास ही एक गाँव।” और मैंने सोचा, “अपनी खोज में निकले किसी युवक

के लिए तो यह बहुत अच्छी जगह है।" निकट ही निरंजरा (फल्गु) नदी के किनारे उरुवेला नामक ग्राम था। बाद में, इस ग्राम को संबोधि, महाबोधि नाम दिया गया और अंत में अठारहवीं सदी तक यह बोधगया कहलाने लगा।

शाक्य वंश के गौतम का त्याग

युवराज ने संकल्प ले लिया था कि वे दुःख के कारण की खोज करेंगे। उन्होंने सदा सुख-सुविधाओं से भरा जीवन जीया और विवाह के बाद ही उन्होंने मृत्यु, रोग और बुढ़ापे का सामना किया। इन्हें देख कर उन्हें इतना आघात पहुँचा कि वे अपनी पत्नी और नवजात पुत्र को छोड़ कर, वर्षों वनों में भटकते रहे, वे एक खोजी जिज्ञासु के रूप में ऋषियों और मुनियों से भेंट कर रहे थे। वे गौतम संन्यासी के रूप में जाने गए। उन्हें कहा गया कि प्रज्ञा पाने के लिए उपवास करना ही सबसे उत्तम उपाय है। युवराज ने अन्न और जल का त्याग कर दिया। वे इतने दुर्बल हो गए कि चल भी नहीं पाते थे। तभी सुजाता नामक युवती उनके लिए दूध और शहद लेकर आई और इस तरह उनके स्वास्थ्य में सुधार हुआ। कुछ दिन बाद, पीपल वृक्ष तले, गहन ध्यान के बीच वे प्रबुद्ध हुए। वे अचानक इस प्रबोधन से सचेत हुए। वे बुद्ध हो गए थे।

स्थानीय किंवदंतियों तथा महाबोधि मंदिर की संरचना के आधार पर, हमें बताया गया कि प्रबोधन पाने के बाद, बुद्ध उस वृक्ष तले एक सप्ताह तक बैठे रहे। फिर वे उठ कर वृक्ष के सम्मुख खड़े हुए और उसे एक सप्ताह तक अपलक ताकते रहे। इसके पश्चात्, उन्होंने अठारह बार आगे-पीछे चक्कर लगाए, वे एक ऐसे पथ पर थे जिस पर कमल पुष्प खिले हुए थे।

फिर वे निकट ही वृक्षों तले बैठते और स्थानीय ऋषियों से भेंट करते। उस जगह से गुज़रने वाले व्यापारी उन्हें भोजन करवाते और उनके वचन सुन कर धन्य होते। सातवें सप्ताह में, वे एक तालाब के निकट बैठे, उस जगह तूफ़ान के दौरान सर्पराज वासुकि के फन ने उनकी रक्षा की। आज, उनके जीवन की इन सभी घटनाओं के साक्षी बने स्थलों पर तीर्थ बना दिए गए हैं।

अशोक ने तीसरी सदी में इस स्थल के दर्शन किए और वज्रासन की प्रतिष्ठा की। अशोक की एक पत्नी को अपने पति के बौद्ध धर्म के प्रति लगाव से इतनी ईर्ष्या हुई कि उसने पवित्र वृक्ष को कटवा दिया अथवा उस पर विष डलवा दिया। सौभाग्यवश, अशोक की पुत्री संघमित्रा इस वृक्ष के बिरवे को अपने साथ श्रीलंका ले जा चुकी थी, उसने ही वहाँ से एक छोटा पौधा भेजा ताकि उसे दोबारा इस जगह रोपा जा सके। वर्तमान में, इस वृक्ष के आसपास बलुए पत्थर से बने जंगले लगे हुए हैं जो 100 ई.पू. से पहले के हैं। इन पर सूर्य देवता, सूर्य और धन की देवी लक्ष्मी तथा किन्नरों व उड़ने वाले अश्वों के चित्र देखे जा सकते हैं, जो यवन प्रभाव की ओर संकेत करते हैं। ग्रेनाइट से बने जंगले 300 ई. के हैं जिन पर गरुड़ और कमल पुष्पों के चित्र देखे जा सकते हैं। यह मंदिर लगभग पंद्रह सौ वर्ष पूर्व बना था, जिसे समय-समय पर स्थानीय राजा सँवारते रहे, इनमें उन्नीसवीं सदी में बर्मा के राजा और, अंत में, अंग्रेज़ पुरातात्विक सोसायटी भी शामिल है। वर्तमान में, मंदिर का ऊपरी हिस्सा सुवर्ण मंडित है जिसके लिए थाईलैंड के राजा की उदार दानशीलता का आभार प्रकट कर सकते हैं।

सदियों से, बोधगया में श्रीलंका, तिब्बत, कज़ाकिस्तान, कंबोडिया, वियतनाम और चीन से भिक्षु तथा राजसी परिवारों के लोग आते रहे हैं और इन स्थानों पर बौद्ध धर्म का प्रचार हुआ। इन सदियों के लिखित दस्तावेज़ों से पता चलता है कि किस तरह इस मंदिर में कभी बुद्ध की एक ऐसी प्रतिमा थी जो दिखने में बहुत हद तक बुद्ध के समान थी। (यह प्रतिमा वर्तमान में बोधगया में ही प्रतिष्ठित है जो दसवीं सदी सामान्य युग की है और उसे अलेक्ज़ेंडर कनिंघम द्वारा इस स्थान पर लाया गया था; उन्हें वह प्रतिमा खंडित अवस्था में प्राप्त हुई थी।) श्रीलंका के राजाओं ने चौथी

*बुद्ध धरती को स्पर्श करते हुए ताकि वह उनके प्रबोधन की साक्षी हो सके*

सदी में इस जगह पर एक मठ का निर्माण करवाया ताकि तीर्थयात्रियों के ठहरने का प्रबंध हो सके। परंतु तेरहवीं सदी में मुस्लिम हमलावरों ने मठ को तहस-नहस कर दिया। यद्यपि बंगाल के पाल राजाओं ने उसके पुनरुद्धार का बहुत प्रयत्न किया, परंतु अंततः उसे भुला दिया गया।

परंतु जैसा कि बुद्ध ने कहा है, कुछ भी हमेशा नहीं रहता। और अब इस प्राचीन जीवन शैली की स्मृति को उसकी भूतपूर्व कीर्ति लौटा दी गई है।

# 3

# पौराणिक युग
## (पंद्रह सौ वर्षों से)

प्रत्येक स्थान के अपने देवता थे। ये देवता संरक्षण और वरदान देते थे। ऋषि-मुनियों ने सदा सुरक्षा और संपदा के भाव से ऊपर उठने की बात की। ब्राह्मणों का तर्क कुछ और था। वे मनुष्यों की संपदा, स्तर, शक्ति और आनंद की माँग को समझते थे - यह सब संतुष्ट होने के बाद ही आध्यात्मिक इच्छा की बारी आती थी। जब बौद्ध और जैन उन राजाओं की कहानियाँ सुना रहे थे, जो मुनि और भिक्षु बने, हिंदुओं ने तब धर्म-शास्त्र, अर्थ-शास्त्र, काम-शास्त्र और मोक्ष-शास्त्र की बात की, ताकि राजाओं को बेहतर राजा बनाया जा सके।

जिस प्रकार स्वर्ग के राजा इंद्र के पास बृहस्पति गुरु थे, उसी तरह धरती पर असुरों के गुरु शुक्राचार्य थे। भारत के राजा चाहते थे कि ब्राह्मण उनके लिए ग्राम स्थापित करें और उनके राज्यों में धर्म की स्थापना और उसे बनाए रखने में सहायक हों। इस राज-मंडल का केंद्र, राजसी चक्र, मंदिर था, जहाँ स्थानीय देवताओं की पहचान अद्‍भुत देवी, अथवा बैरागी शिव अथवा आकर्षक विष्णु से की जाती थी। राजा दिव्यता के राज्य-संरक्षक थे। राजा आते और जाते रहे, परंतु मंदिर नहीं, यही कारण है कि हिंदू भारत में जो पाषाण ढाँचे बने, वे मंदिर कहलाए। राजाओं के महल लकड़ी से बनाए जाते थे।

हर मंदिर की एक कहानी थी, जो यह बताती थी कि यह स्थान स्वर्गिक शक्ति का केंद्र क्यों था। इस प्रकार, हर मंदिर एक तीर्थस्थल बन गया। *अग्नि पुराण* और *गरुड़ पुराण* में, हमें तीर्थ स्थानों की नई सूची मिलती है। गंगा के मैदानी इलाक़ों में हमेशा भारी भीड़ रही, हमें प्रायद्वीपीय भारत में बढ़ती हुई सजगता दिखाई देती है, जो दक्षिण की ओर तीर्थ मार्गों के प्रचार का संकेत करती है, जो सागर तटों और नदी घाटियों के साथ थे। इनमें कलिंग

का पुरुषोत्तम क्षेत्र, कांची और द्रविड़ का मदुरई व गोदावरी के मुहाने पर नासिक शामिल है। जिन पंडितों ने दक्षिण की ओर प्रस्थान किया, उन्होंने बताया कि वे सरस्वती, गंगा, नर्मदा और गोदावरी के क्षेत्रों से आए थे। वे ऋषि अगस्त्य का भी वर्णन करते हैं, जो अपनी गलपट्टी में पर्वत तथा पात्र में नदियों को लाए थे ताकि दक्षिण-काशी (दक्षिण की काशी) तथा दक्षिण-गंगा (दक्षिण की गंगा) को स्थापित कर सकें।

# 9

## मदुरई : देवी का वर

हम सबने राम की कथा सुनी है, उत्तर भारत के एक राजकुमार, जो भारत के दक्षिणी छोर तक गए। परंतु आपने आख़िरी बार किसी ऐसी रानी के बारे में सुना था, जो दक्षिण में मदुरई से लेकर, उत्तर में कैलास तक गई, ताकि अपने लिए वर खोज सके? वह राजकुमारी ताड़तग्गई थी, जिसे मीनाक्षी के नाम से भी जाना जाता है। उसकी आँखें मछली जैसी दिखती थीं, वहीं उसे यह नाम मिला।

मदुरई के पांड्य राजा निःसंतान थे और देवों ने उन्हें एक ऐसी पुत्री का वरदान दिया जो एक अग्नि कुंड से जन्मी थी। उसके जन्म से ही तीन वक्ष थे और भविष्यवाणी की गई थी कि जिस दिन वह अपने योग्य वर को पा लेगी, वह अतिरिक्त वक्ष अपने-आप ही लुप्त हो जाएगा। राजकुमारी को सभी कलाओं और ज्ञान-विज्ञान की शिक्षा प्रदान की गई। पिता के बाद सिंहासन पर आने के बाद राजकुमारी ने संसार विजय की योजना बनाई। वह उत्तर की ओर गई और मार्ग में पड़ने वाले राजाओं, देवों, गणों (शिव के अनुचर) और नंदी (शिव के वाहन) को पराजित करती गई; अंततः देवी की भेंट एक युवा संन्यासी से हुई, जो स्वयं शिव थे। जब उनकी दृष्टि

*मदुरई मीनाक्षी मंदिर के गोपुरम*

मिली, तो मीनाक्षी को अनुभूति हुई कि वे पार्वती थीं, जिनका पुनर्जन्म हुआ था। उनका अतिरिक्त वक्ष लुप्त हो गया और वे संन्यासी-देव, सुंदरेश्वर को अपने साथ नगर ले गईं ताकि उन्हें अपना जीवनसाथी और पति बना सकें।

तमिलनाडु में मदुरई का मंदिर, चौदह एकड़ में फैला हुआ एक भव्य मंदिर है, इसमें बारह विशाल गोपुरम हैं, जिनमें से सबसे विशाल और लंबा गोपुरम दक्षिण की ओर है। मंदिर में अनेक चित्रित प्रागंण हैं जिनमें से एक में तोतों के पिंजरे रखे जाते थे, वे प्रशिक्षित तोते पूरा दिन इष्ट का नाम जप करते थे। वर्तमान ढाँचा पाँच सौ वर्ष से भी कम पुराना है जिसे नायक राजाओं ने बनवाया था। राजा ने मदुरई वासियों से कहा कि वे केवल एक मुट्ठी भात दें ताकि कलाकारों का पेट भरा जा सके। इस प्रकार, सभी ने अपनी प्रिय रानी के नाम पर बनने वाले मंदिर में योगदान दिया।

मंदिर की गाथाओं के अनुसार, प्राचीन मंदिर पर सात सौ वर्ष पूर्व, मलिक काफूर नामक मुस्लिम राजा ने हमला किया और उसे लूटा। इस मंदिर के संदर्भ, सुंदरर की कविताओं में मिलते हैं, जो बारह सौ वर्ष पूर्व रची गईं। यह वह समय था, जब शिव पूजन धीरे-धीरे वैरागी जैन परंपराओं पर हावी होने लगा जो तब तक मदुरई में फल-फूल चुका था। यह चंद्रगुप्त मौर्य के काल की घटना है। मदुरई ही वह नगरी है, जहाँ तमिल कवियों का प्रारंभिक सम्मेलन हुआ, जिसे संगम नाम दिया गया। इतिहासकारों के अनुसार संगम साहित्य लगभग दो हज़ार वर्ष पुराना है, परतु यह अनुमान भी लगाया जाता है कि यह उससे भी अधिक प्राचीन है। तमिल श्रेष्ठतावादियों के बीच यह सिद्धांत भी मान्य है कि मदुरई वह नगरी है जिसे कुमारी कंदम महाद्वीप के

बचे हुए लोगों ने सुगंधित कदंब वन में बसाया था (पश्चिमी रुढ़िवादी उत्साही लेमुरिया के नाम से जानते हैं)। कहते हैं कि वह अंतिम हिम युग में सागर में जलमग्न हो गया था।

यह अनुमान लगाया गया कि मंदिर के प्रागंणों और मीनारों में तैंतीस हज़ार से अधिक चित्र हैं, इनमें से प्रत्येक पुराणों से कोई कथा कहता है, कुछ स्थानीय लोकगाथाओं से हैं; जैसे एक प्रसंग के अनुसार, शिव ने किस तरह स्थानीय लोमड़ियों को अश्वों में बदल दिया था और किस तरह एक पाषाण हाथी गन्ने की सुगंध से जीवित हो उठा था। मंदिर में देवी-देवताओं के विशालकाय चित्र पंक्तिबद्ध हैं। सभी प्रकार के पौराणिक पशु जैसे यलि (हाथियों के सिर वाले सिंह), तथा सामान्य व्यक्ति भी, जैसे : योद्धा, नर्तक, संगीतज्ञ, प्रदर्शनकर्ता तथा आदिवासी। इन छवियों में एक स्त्रैण पुरुष तथा दाढ़ी वाली स्त्री का चित्र (पारलिंगी वेशधारी) अपनी ओर ध्यान खींचता है, जो एक समृद्ध उदार तथा कलात्मक संस्कृति का परिचय देता है। इसमें एक हज़ार स्तंभों वाला बड़ा कक्ष भी है जिसमें पाषाण के प्रसिद्ध 'संगीतमयी' स्तंभ पाए जाते हैं।

मीनाक्षी की प्रमुख प्रतिमा में उन्हें हाथ में तोता पकड़े हुए दिखाया गया है जो प्रेम के देवता, काम का प्रतीक है। उनके कमरबंद में एक छोटी सी कटार भी लगी रहती है जो सबको याद दिलाती है कि वे सबकी स्वामिनी हैं। मंदिर की दीवार पर, उनके विवाह का दृश्य चित्रित है। यहाँ यह बात ध्यान देने योग्य है कि वे विवाह में वर का पाणिग्रहण करती हैं जबकि पारंपरिक रूप से, वर वधू का पाणिग्रहण करता है। शिव का मंदिर, मीनाक्षी के मंदिर से अलग व छोटा है और आठ विशालकाय हाथियों के ऊपर खड़ा है। यह देवराज, वर्षा के वाहक इंद्र के प्रति आस्था का सूचक है।

*मीनाक्षी अम्मा*

चितीरई माह में, पूरे एक माह चलने वाले उत्सव में मीनाक्षी और सुंदरेश्वर का

*सोमसुंदर से मीनाक्षी का विवाह*

विवाह रचाया जाता है। मीनाक्षी के बड़े भाई विष्णु अलगर कहलाते हैं। एक तमिल मंदिर गाथा के अनुसार, वे अपने अश्व पर सवार होकर मंदिर के लिए निकलते हैं। उन्हें समारोह में शामिल होने के लिए वैगई नदी को पार करना है परंतु उन्हें बहुत देर हो जाती है और वे खीझ कर वापस हो लेते हैं। विष्णु को प्रसन्न करने के लिए मीनाक्षी और उनके पति, उनसे नदी के बीच भेंट करते हैं और विवाह के उपहार ग्रहण करते हैं, परंतु वे, मदुरई नगरी में पुनः प्रवेश करने से इंकार कर देते हैं, यह प्रसंग शैव-वैष्णव के स्थानीय बैर का उदाहरण है।

मंदिर की उल्लेखनीय संपदा के विषय में अनेक प्रसंग कहे-सुने जाते हैं। इनमें देवी के नीलम के लोलक की कथा प्रसिद्ध है जिसे इंग्लैंड भेजा गया था ताकि रानी विक्टोरिया उसे देख सके; उसे अंततः लौटा दिया गया था। इसके अतिरिक्त देवी को रोज़ पीटर नामक अंग्रेज़ की ओर से अर्पित किए गए आभूषणों का भी वर्णन होता है। उसने उन्नीसवीं सदी में यह चढ़ावा चढ़ाया था। वह बिजली की मार से क्षत-विक्षत भवन में फँस गया था और देवी की कृपा से ही उसके प्राण बचे। अपने आभार को प्रकट करने के लिए उसने यह आभूषण उन्हें चढ़ाए। उसने कहा कि जब वह मरे तो उसका मुख मंदिर की ओर कर, उसे दफ़नाया जाए। मंदिर के संग्रहालय में सिक्कों की श्रृंखलाएँ हैं जो समुद्री व्यापारियों के माध्यम से रोम से आईं, वे सिक्के ईस्ट इंडिया कंपनी की ओर से ढाले गए हैं।

प्रति रात्रि, शिव की उत्सव मूर्ति एक पालकी में सवार होकर संगीतमयी शोभायात्रा के बीच, देवी-रानी के अंतःपुर की ओर प्रस्थान करती है। उनके पुजारी पुष्पों से शिव का स्वागत करते हैं और उन्हें मीनाक्षी की उत्सव मूर्ति के निकट झूले पर स्थान दिया जाता है। इस विशेष कक्ष में प्राचीरें दर्पणों से

सुसज्जित हैं और यह बेले की सुगंध से दमकता है। सारा दिन अपनी प्रजा की देख-रेख का भार सँभालने के बाद देवी मीनाक्षी अपनी पूरी रात, प्रिय संग अनुराग में बिताती हैं। इस प्रकार संन्यास की तुलना में गृहस्थ जीवन की हिंदू परंपराओं पर बल दिया गया है।

# 10

# पुरी :
# गृहस्थ देवता

जब मैंने अपने मित्रों से कहा कि वह कृष्ण का मंदिर था, तो एक पंडित (इन्हें स्थानीय भाषा में पंडा कहते हैं) ने भवें नचाईं, "श्रीमान, कृष्ण एक अवतार हैं, परंतु हमारे जगन्नाथ अवतारी हैं।" अवतार देवता का मनुष्य रूप होता है, जिसे वे धरती पर आने के लिए ग्रहण करते हैं। स्वर्ग के देवता, जब धरती पर आते हैं तो वे अवतारी कहलाते हैं। इस एक वाक्य के साथ मुझे याद आया कि हालाँकि बहुत सारे अनुष्ठान वैष्णव हैं और ओड़िशा, पुरी के इष्ट कृष्ण ही हैं परंतु किसी कारणवश जगत के नाथ यानी जगन्नाथ कहलाते हैं।

जी, अधिकतर लोगों के लिए यह भारत का एकमात्र मंदिर है, जहाँ कृष्ण अपने भाई-बहन के साथ पूजे जाते हैं। उनके बड़े भइया बलराम और छोटी बहन, सुभद्रा। परंतु स्थानीय लोगों के लिए, इष्ट देवता संसार के पालक विष्णु भी हैं और उन्हें अनंत वासुदेव भी कहते हैं। अनंत का प्रतिरूप। उनकी वामांगी ना तो राधा हैं और ना ही रुक्मिणी, वे लक्ष्मी हैं। पंडे आपको बताएँगे कि अलग-अलग भक्तजन, इष्ट को अपनी-अपनी दृष्टि और भाव से देखते हैं : शाक्तजन के लिए ये तीनों तारा के प्रतिरूप हैं, शैवों के लिए

विभिन्न भैरव हैं, बौद्धों के लिए बौद्ध विचारों का मूर्तिमान रूप हैं, जैनियों के लिए जैन नियमों का तत्त्व हैं।

एक स्थानीय दुकानदार ने अलग ही व्याख्या की। उसने कहा, "श्रीमान, इनमें से गौर वर्ण वाले शिव हैं, जिन पर हल्दी का लेप है, वह शक्ति हैं। विष्णु के एक ओर सुदर्शन दंड ब्रह्मा हैं। इस प्रकार यह हिंदू पुराणों में वर्णित त्रिदेव का प्रतीक हैं।" एक विद्वान का आग्रह है कि ऋग्वेद में, पानी पर तैरते हुए काष्ठ के एक टुकड़े (दारु) का वर्णन आता है, और यह उसी काष्ठ के संदर्भ में होगा, जिससे हर बारह वर्ष बाद इष्ट देवताओं की प्रतिमाएँ बनाई जाती हैं।

इस मंदिर के देवता नश्वर हैं। वे प्रति बारह वर्ष बाद स्नान करते हैं, जब पारंपरिक चांद्र पंचांग के अनुसार दो ग्रीष्म माह अतिरिक्त होते हैं। नीम के विशेष वृक्ष चिह्नित किए जाते हैं और तीनों नई मूर्तियों का निर्माण होता है और यह सब कार्य एक गुप्त अनुष्ठान के अधीन होता है। इस दौरान पुरानी प्रतिमाओं में से, नई प्रतिमाओं में 'आत्मा' का स्थानांतरण भी किया जाता है। इष्ट प्रतिदिन, ऋतु और जलवायु के अनुसार वस्त्र धारण करते हैं - उन्हें सर्दियों में ऊनी और गर्मियों में हल्के सूती वस्त्र पहनाए जाते हैं। वे हर त्योहार मनाते हैं और 'नाट्य मंडप' में संगीत और नृत्य से अपना मनोरंजन भी करते हैं। मंदिर के एक ओर विशाल रसोईघर है, जहाँ प्रतिदिन भाप में अनेक व्यंजन पकाए जाते हैं। 'भोग मंडप' नामक कक्ष में इष्ट को भोग लगाया जाता है और अंत में ये 'आनंद बाज़ार' नामक स्थान पर भक्तों के ख़रीदने के लिए रखे जाते हैं।

*जगन्नाथ मंदिर*

जो देवता अन्न ग्रहण करते हैं, वे रोगी भी अवश्य होते हैं। वे प्रतिवर्ष गर्मियों में बीमार पड़ते हैं और अंततः इनकी मृत्यु होती है। इस प्रकार, हम इन रीति-रिवाज़ों के माध्यम से स्वयं को याद दिलाते हैं कि संसार अस्थायी और चक्रीय है।

*बलभद्र, सुभद्रा और जगन्नाथ*

इस मंदिर के असाधारण लक्षणों में से एक लक्षण यह भी है कि यह सांसारिकता को विशेष महत्त्व देता है। इष्ट देव प्रतिवर्ष रथयात्रा के दौरान नाव और रथ की सवारी करते हैं। उनका अपनी पत्नी से झगड़ा होता है और वे मानिनी को मनाने के लिए उपहार देते हैं, उसे प्रसन्न करते हैं। एक और अनुष्ठान में वे अपने अवतार रूपों के माता-पिता का श्राद्ध करते हैं, जब उन्होंने वामन (कश्यप और अदिती), राम (दशरथ और कौशल्या) और कृष्ण (देवकी और वासुदेव, यशोदा और नंद) के घर में जन्म लिया था। उन्हें अर्पित किए गए पुष्प विस्तृत परिवार के बीच बाँटे जाते हैं - इनमें विविध देव शामिल हैं, जिनके मंदिर उस भव्य मंदिर प्रांगण में ही स्थित हैं। दीवारों पर नर्तकियों और संगीतज्ञों, योद्धाओं और पुरोहितों, देवों और युवतियों, सर्पों और राक्षसों आदि के चित्र अंकित हैं जो हमें उस संसार का स्मरण करवाते हैं, जिसके स्वामी जगन्नाथ हैं।

यह कथा उस समय की है, जब कृष्ण का देहांत हुआ, उनका अंत्येष्टि संस्कार, भारत के पश्चिमी तट पर प्रभास में हुआ, अग्नि उनकी देह को नष्ट नहीं कर सकी इसलिए अवशेष समुद्र में प्रवाहित कर दिए गए। वे अवशेष पूर्वी छोर तक जा पहुँचे, ओड़िशा के सावर जाति के लोगों ने उन अवशेषों को पाया और वे मूर्तिरूप में कई पीढ़ियों तक उनकी पूजा करते रहे।

इंद्रद्युम्न नामक राजा को इस बारे में पता चला और उसने उस मूर्ति को पाने की ठान ली। उसने अपने मंत्री विद्यापति को मूर्ति लाने भेजा परंतु सावरों ने मूर्ति का रहस्य प्रकट नहीं किया। अंत में, विद्यापति ने मुखिया

की पुत्री से विवाह किया और कहा कि वह दहेज में उस मूर्ति को देखना चाहता है। उसे आँखों पर पट्टी बाँध कर मंदिर में ले जाया गया, इस दौरान वह राह में सरसों के दाने गिराता गया। वर्षा के बाद उनमें अंकुर फूटे और मंदिर जाने के मार्ग में फूल खिल गए। परंतु जब राजा इंद्रद्युम्न अपनी सेना सहित मूर्ति को जबरन ले जाने आया तो वह ओझल हो गई। अंत में राजा ने क्षमा चाही और उसे बताया गया कि जगन्नाथ काष्ठ रूप में प्रकट होंगे और राजसी मूर्तिकार उनसे मूर्ति तैयार करेगा। राजा की पत्नी ने मूर्तिकार के काम में बाधा डाली और परिणामवश इष्ट देवों की प्रतिमाएँ अधूरी ही रह गईं।

जगन्नाथ की पलकें, हाथ और पैर नहीं हैं। परंतु फिर भी उनके मुख पर सदा एक मुस्कान रहती है - संभवतः वे हमें मानवीय दशाओं के अधूरेपन की याद दिलाना चाहते हैं। हम सबको रोग, शोक और मृत्यु का सामना करना ही होगा। हम सबको उत्तरदायित्वों का बोझ उठाना ही होगा। हम सबको ऋतुचक्र का अनुभव पाना चाहिए। परंतु इसके साथ ही जीवन के सभी सुखों का आनंद भी ले सकते हैं - अच्छा भोजन, अच्छे वस्त्र, अच्छा संगीत और अच्छा नृत्य। ये वास्तव में एक सांसारिक देव हैं, जो संसार के स्वामी हैं।

# 11

# कोल्हापुर :
# राजा की देवी

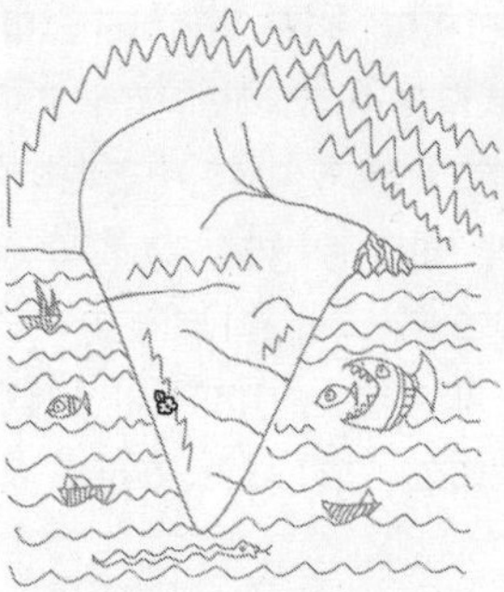

एक दिन, भृगु नामक ऋषि वैकुंठ गए और पाया कि विष्णु अपनी पत्नी के साथ वार्तालाप में इतने मग्न थे कि उन्हें ऋषि के आगमन का पता तक नहीं चला। ऋषि ने कुपित होकर विष्णु की छाती पर ठोकर दे मारी। विष्णु ने उन्हें प्रसन्न करने के लिए क्षमायाचना की परंतु लक्ष्मी को यह अच्छा नहीं लगा कि उनके पति क्षमा माँग रहे हैं जबकि उनका कोई दोष भी नहीं था। वे पति के इस शांतिप्रिय रूप से रुष्ट हो गईं, उन्होंने वैकुंठ त्याग दिया और धरती पर आ कर, महाराष्ट्र के करवीरपुर में आश्रय लिया, जिसे अब कोल्हापुर के नाम से जाना जाता है। लक्ष्मी ने स्थानीय लोगों को वचन दिया कि यदि वे उन्हें पूजेंगे तो उनके जीवन में संपन्नता आएगी। विष्णु अपनी पत्नी के पीछे धरती पर आ गए परंतु लक्ष्मी ने वैकुंठ वापस जाने से इंकार कर दिया। तब वे दक्षिण के तिरुपति में अपनी पत्नी की प्रतीक्षा करने लगे कि उसका रोष शांत हो और वह अपना मन बदल ले। यह प्रसंग आंध्र प्रदेश के लोकप्रिय वैष्णव तीर्थ से महाराष्ट्र के इस शाक्त तीर्थ को जोड़ता है परंतु यथार्थ कहीं अधिक जटिल है और इतिहास और रहस्य की परतें दर्शाता है।

महालक्ष्मी, शब्द से हिंदू देवी का चित्र उभरता है। वे धन की देवी हैं, जो पूरी भव्यता से कमल पर विराजमान हैं जो क्षीरसागर से निकल रहा है, उनके हाथ में धन और धान्य से छलकता कलश है, दोनों ओर खड़े

*महालक्ष्मी मंदिर*

श्वेत हाथी उन पर अपनी सूँड से जल वर्षा करते हैं। जबकि कोल्हापुर की महालक्ष्मी इस रूप से बहुत अलग हैं। स्थानीय लोग उन्हें अंबा बाई, माता और देवी कहते हैं। उनके रूप और उपासना की पद्धति से युद्ध की देवी, राजाओं की संरक्षिका दुर्गा का रूप प्रकट होता है।

मंदिर में पूजी जाने वाली इष्ट देवी, सौभाग्य और वैभव की देवी महालक्ष्मी हैं या शक्ति का प्रतीक दुर्गा हैं, यह जानने के लिए केवल यही देखना पर्याप्त होगा कि देवी के साथ कौन सा पवित्र वाहन मंदिर में उपस्थित है। इसे प्रायः मंदिर के गर्भ गृह के बाहर बनाया जाता है। यदि यह हाथी है तो इष्ट देवी लक्ष्मी हैं; यदि यह सिंह है, तो इष्ट देवी दुर्गा हैं। कोल्हापुर के महालक्ष्मी मंदिर में, सिंह विराजमान है (ऐसा ही मुंबई के महालक्ष्मी मंदिर में भी है)। इससे यह स्थापित होता है कि वे शक्ति, युद्ध और राजत्व की देवी हैं।

प्रतिवर्ष नवरात्र और दशहरा उत्सव के समय, स्थानीय मराठा वंश के योद्धा देवी को प्रसन्न करने के लिए बकरे की बलि चढ़ाते हैं, वे उग्र और भयंकर देवी को प्रसन्न करने के लिए ऐसा करते हैं। असल में, यह बलि योद्धाओं की देवी भवानी के नाम होती है जिन्हें उनकी विशाल गदा, कवच, पात्र और हाथ में पकड़े हुए खट्टे फल के कारण, महालक्ष्मी से अलग पहचाना जा सकता है - इन प्रतीकों का संबंध लक्ष्मी से नहीं है। जहाँ मंदिर के अधिकतर इष्टों का मुख पूर्व की ओर होता है, इनका मुख पश्चिम की ओर दिखाया जाता है। यह दिशा वरुण से संबंधित है, जो सागर के देवता और लक्ष्मी के पिता हैं।

वर्ष में दो बार, मार्च और सितंबर में, तीन दिन तक, सूर्यास्त की किरणें खिड़की के माध्यम से देवी पर पड़ती हैं। भक्तगण महाराष्ट्र के सांस्कृतिक पहरावे में सजी देवी के दर्शन करने के लिए उमड़ पड़ते हैं।

उनकी नाक में चंद्र के आकार की नथुनी हमें याद दिलाती है कि भले ही वे योद्धा हों, वे एक पत्नी और माता भी हैं।

लक्ष्मी अथवा दुर्गा? विष्णु या शिव की अर्धांगिनी अथवा स्वतंत्र? शाकाहारी भोग अथवा रक्त बलि? व्यावहारिक हिंदू धर्म सभी सैद्धांतिक सीमाओं का विरोध करता है।

कोल्हापुर के प्राचीन मंदिर की दीवारों पर अंकित चित्रों को देखकर तो यह स्थिति और भी भ्रामक हो जाती है। इन पर जैन मुनियों के चित्र अंकित हैं। ऐतिहासिक दीवारों से संकेत मिलता है कि इस क्षेत्र के कुछ प्राचीन राजा जैसे शिलाहर वंश के राजा, जो कुछ हज़ार वर्ष पूर्व इस क्षेत्र पर राज करते थे, जैन थे और उन्होंने इस मंदिर की देवी को पद्मावती के रूप में पूजा। जो उनकी संरक्षिका देवी थी। वे उन्हें तीर्थंकरों की रक्षा करने वाली यक्षिणी के रूप में पूजते थे। इस यक्षिणी को विशेष रूप से कई फन वाले सर्प पर आसीन दिखाया जाता है जैसे कोल्हापुर की महालक्ष्मी विराजती हैं। पद्मावती का अर्थ है, 'जो पद्म पर विराजती हों', यही हिंदू देवी लक्ष्मी का भी एक नाम है।

इस प्रकार, जब हिंदू राजाओं ने जैन राजाओं का स्थान लिया, तब जैन देवी हिंदुओं की देवी बनीं। वे अब भी इष्ट थीं परंतु अब उनका संबंध तीर्थंकरों से नहीं, बल्कि विष्णु से जोड़ा गया।

क्या पहले भी देवी को बकरे की बलि चढ़ती थी? क्या ऐसा भी समय था जब देवी का संबंध किसी पुरुष देवता से नहीं था? इन प्रश्नों का उत्तर किसी के पास नहीं है क्योंकि इस जगह का इतिहास बारह सौ वर्ष पुराना है और अनेक भूकंपों और हमलों के बाद, कोई भी लिखित दस्तावेज़ नहीं मिलते। दरअसल, ऐसा लगता है मानो सारे उत्तर समकालीन राजनीति में शाकाहारवाद और पितृसत्ता के बीच मलिन हो गए हैं।

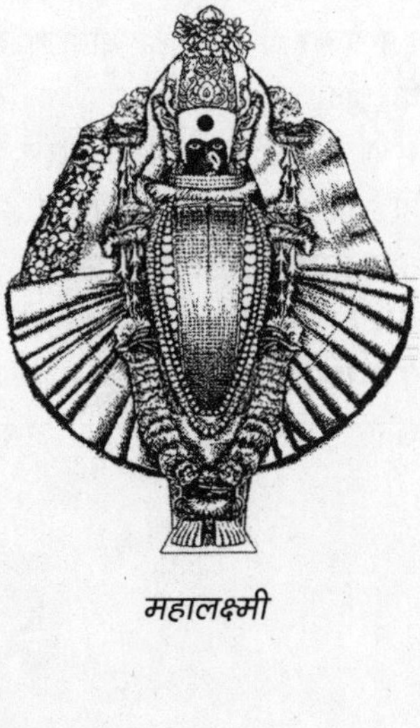

*महालक्ष्मी*

पारंपरिक रूप से, भारत के प्रत्येक ग्राम में एक ग्राम देवता और एक ग्राम देवी होती हैं। कई विद्वानों ने पितृसत्तात्मक पूर्वाग्रह रखते हुए यह मान लिया है कि पुरुष देवता संरक्षक होते हैं और देवी संतति प्रदान करती हैं परंतु जैसा कि हम कोल्हापुर के महालक्ष्मी मंदिर के चित्रों में देखते हैं। देवी को संरक्षक और पालक, दोनों ही रूपों में दिखाया गया है। उनके हाथों में फल व पात्र और गदा व ढाल दोनों ही दिखाई देते हैं।

सिंह पर सवार, युद्ध में राजाओं की सहायता करने वाली देवियों की कथाएँ केवल हिंदू पौराणिक गाथाओं में ही नहीं आतीं, सुदूर मेसोपोटामिया की पुराणागाथाओं में इश्तर देवी हैं जो योद्धा राजाओं को अपना सहयोग देती हैं। सिंह पर सवार देवी की आरंभिक छवि, दक्षिण एशिया में मिलती है, अब वे क्षेत्र इरान और अफ़गानिस्तान में पड़ते हैं जहाँ उन्हें 'नाना' के नाम से जाना जाता है, जो कुषाण शासकों की संरक्षक देवी थीं। दो हज़ार वर्ष पूर्व, कुषाण शासन मथुरा तक फैला था और कुछ विद्वानों के अनुसार, उन्होंने ही सिंह पर सवार देवी का विचार भारत में प्रसारित किया, जबकि हिंदू कट्टरपंथी इसका खंडन करते हैं।

कोल्हापुर के महालक्ष्मी मंदिर का निकटतम संबंध, महाराष्ट्र के उस्मानाबाद जिले में स्थित तुलजा भवानी मंदिर से है। किंवदंती है कि, दुर्गा का स्थानीय रूप हैं भवानी, उन्होंने सत्रहवीं सदी में शिवाजी को स्वप्न में दर्शन दिए और एक खड्ग देते हुए, मुगलों से लोहा लेने को प्रेरित किया। इस प्रकार हिंदू मराठा साम्राज्य की स्थापना हुई। छत्रपति शिवाजी के निधन के बाद, उनके दोनों पुत्रों के बीच उत्तराधिकार को लेकर विवाद हुआ। संभाजी और राजाराम के कारण भोंसले शाही परिवार दो शाखाओं में विभक्त हो गया : एक सतारा में स्थित है, जो तुलजा भवानी के मंदिर का संरक्षक है और दूसरा कोल्हापुर में स्थित है, जिसने अठारहवीं सदी में महालक्ष्मी मंदिर की पुनः स्थापना की (उस मूर्ति को मुगल आक्रमणकारियों के भय से छिपा कर रखा गया था)। हिंदू लोकगाथाओं से यह स्पष्ट होता है कि सिंह पर सवार देवी की कृपादृष्टि के अभाव में कोई व्यक्ति राजा नहीं बन सकता।

# 12

# सिंहाचलम : पहाड़ी पर सिंह

जब अंग्रेज़ों ने हिंदू धर्म की स्त्रैण प्रकृति पर बल दिया, तो इससे कट्टरपंथी हिंदू रुष्ट हो गए जो हिंदू धर्म के पौरुष पक्ष को सम्मुख लाना चाहते थे। दोनों के लिए, पुरुष तत्त्व का संबंध हिंसक आक्रामकता से और स्त्रैण पक्ष का संबंध निष्क्रियता या फिर निष्क्रिय चतुराई से भरी आक्रामकता से था।

हालाँकि हमें हिंदू पौराणिकता में ऐसा कोई भेदभाव देखने को नहीं मिलता। दिव्यता के स्त्रैण और पुरुष, दोनों ही रूपों में हिंसा और आक्रामकता का रूप प्रकट हो सकता है, जिस तरह अहिंसकता और निष्क्रियता को दिखाया जा सकता है। विष्णु के अवतारों में कई प्रकार की अवधारणा मिलती है, देवता एक मछली की असहायता से लेकर एक कछुए के धैर्य का रूप ले सकते हैं। वे वराह और नरसिंह के हिंसक और बचावकारी आक्रामकता का रूप ले सकते हैं जो कष्ट में पड़े जीवों की सहायता करते हैं, एक पुजारी के कपटपूर्ण स्वभाव तथा दूसरे के द्वेष का रूप ले सकते हैं, एक न्यायी राजा और एक छलिए गौएँ चराने वाले के आकर्षण का रूप ले सकते हैं। किसी बैरागी की अनासक्ति के साथ उत्तेजित हिंसा का रूप ले सकते हैं जो आक्रमण के बाद सामने आती है।

*सिंहाचलम मंदिर*

इन सभी अवतारों के बीच, न्यायी और आकर्षक राम और कृष्ण सर्वाधिक लोकप्रिय हैं। ऐसा क्या है जो आंध्र प्रदेश की बंदरगाह नगरी, विशाखापट्टनम के निकट, पहाड़ी पर स्थित - सिंहाचलम को एक अनूठा पूजन स्थल बनाता है। इस जगह विष्णु के पौरुष से भरपूर उग्र संयुक्त रूपों; विष्णु, वराह और नरसिंह का पूजन होता है।

मंदिर के इष्ट, वराह-लक्ष्मी-नरसिंह-स्वामी के नाम से जाने जाते हैं, वे असाधारण हैं क्योंकि उनकी चार या उससे अधिक नहीं, केवल दो ही भुजाएँ हैं, जैसा कि सभी हिंदू देवी-देवताओं के साथ हैं। वे त्रिभंगी मुद्रा में खड़े हैं, वे एक नर्तक की तरह कमर और नितंबों को मोड़े हुए हैं, यह उनकी स्त्रैण ऊर्जा का परिचायक है। उनका सिर एक सिंह की तुलना में, किसी वराह जैसा दिखाई देता है, वहीं से उन्हें यह नाम मिला। जब हम मंदिर में प्रवेश करते हैं तो देवता के दर्शन नहीं होते। मूर्ति को पूरी तरह से चंदन के लेप की परतों से ढँक कर रखा जाता है, इसे पूरे वर्ष में एक बार, केवल बारह घंटों के लिए हटाया जाता है और हज़ारों की संख्या में भक्तगण उनके दर्शन करने को उमड़ पड़ते हैं। रक्तपिपासा से उग्र हुए देवता को शांत करने के लिए चंदन का लेप किया जाता है, यह सामान्यतः शांत व 'स्त्रैण' विष्णु का एक दुर्लभ भाव है।

यह कथा वैकुंठ के दो द्वारपालों, जय और विजय से आरंभ होती है, जिन्होंने सनत् कुमारों को विष्णु के धाम वैकुंठ लोक में प्रवेश नहीं करने दिया था क्योंकि विष्णु निद्रालीन थे। उन्हें सनत् कुमारों ने धरती पर असुर के रूप में जन्म लेने का शाप दिया। उन्होंने हिरण्याक्ष और हिरण्यकश्यप नामक भाइयों के रूप में जन्म लिया, जिन्होंने निर्णय लिया कि अपने जीवन का विष्णु के हाथों शीघ्रता से अंत करवाने के लिए, वे संसार को त्रास देंगे। इस तरह हिरण्याक्ष भूदेवी, पृथ्वी की देवी को, सागर तले खींच ले गया और

हिरण्यकश्यप अपने पुत्र प्रह्लाद को प्रताड़ित करने लगा, जो विष्णु का परम भक्त था।

भूदेवी और प्रह्लाद की कातर पुकारें तीनों लोकों में गूँज उठीं। विष्णु अपनी तंद्रा से उठे। एक वन्य वराह के रूप में, उन्होंने सागर में डुबकी लगा दी। उन्होंने हिरण्याक्ष को अपने बलशाली दाँतों की मदद से मार दिया और भूदेवी को बहुत ही स्नेह से, अपने थूथन पर उठा कर सागर से बाहर निकाल लाए।

*हिरण्यकश्यप का वध करते हुए नरसिंह*

हिरण्यकश्यप का वध करना और भी कठिन था। उसे यह वरदान मिला हुआ था कि वह ना तो घर के भीतर और ना घर के बाहर, ना दिन में और ना रात में, ना किसी मनुष्य और ना किसी पशु के हाथों, ना नीचे और ना ऊपर, ना किसी अस्त्र से और ना शस्त्र से, ना किसी योनिज से और ना किसी अंडज के हाथों मारा जाएगा। तब विष्णु एक स्तंभ फाड़ कर प्रकट हुए (ना योनि से और ना ही अंडे से), एक ऐसे जीव के रूप में जो आंशिक रूप से मनुष्य और आंशिक रूप से पशु था, उन्होंने हिरण्यकश्यप पर झपट्टा मारा और उसे घसीटते हुए दहलीज़ (ना भीतर और ना बाहर) तक ले आए, उसे अपनी गोद में रखा (ना ऊपर और ना नीचे), और संध्या समय (ना दिन और ना रात), उन्होंने अपने पंजों की मदद से उसकी आँतें निकाल दीं (ना अस्त्र और ना शस्त्र से)। अगर वराह की कथा निर्मम बल (शक्ति) से संबंध रखती है, तो नरसिंह की कथा युक्ति से संबंध रखती है। दोनों ही कथाएँ विपरीत भक्ति का उदाहरण हैं : जहाँ घृणा प्रेम का प्रतिकूल रूप है।

परंतु स्थानीय कथाओं में, यह कथा असुर के वध के साथ ही समाप्त नहीं होती। उग्र नरसिंह भयानक हैं और उन्हें लक्ष्मी की उपस्थिति ही शांत कर सकती है। इस प्रकार, केवल नरसिंह नहीं अपितु लक्ष्मी नरसिंह का

पूजन किया जाता है। जब वे अकेले होते हैं तो उन्हें योग मुद्रा में आना पड़ता है और वे योग नरसिंह कहलाते हैं। उग्र नरसिंह अथवा क्रुद्ध नरसिंह का पूजन केवल ब्रह्मचारी पुरोहित ही कर सकते हैं।

मध्ययुगीन समय के शैव-वैष्णव वर्गीय संघर्ष ने एक और नया घुमाव पैदा किया : शिव आठ टाँगों और सर्प की पूँछ वाले, बिल्ली के समान जीव शरभ के रूप में प्रकट होते हैं ताकि रक्तपिपासा में मदमस्त नरसिंह को अपने अधीन कर सकें। तब विष्णु को दो सिर वाले विशालकाय पक्षी, गंडभेरुंड का रूप लेना पड़ता है ताकि वे शरभ को अपने वश में कर सकें।

प्रकृति विज्ञान के इतिहासकार हमें सूचित करते हैं कि श्रीलंका के द्वीप अथवा दक्षिणपूर्व एशिया में कभी सिंह नहीं विचरते थे, फिर हम सिंहल (सिंह की प्रजा) तथा सिंगापुर (सिंह नगरी) के विषय में सुनते हैं। संभावना यही दिखती है कि सिंह की यह अवधारणा, उन स्थानों पर भारत के पूर्वी तट से प्रसारित हुई होगी। ओड़िशा, आंध्र प्रदेश और तमिलनाडु के प्राचीन बंदरगाहों से जाने वाले व्यापारियों के जहाजों के नाविक इसका माध्यम बने होंगे, जहाँ गंग और चोल राजाओं ने नरसिंह के पूजन को संरक्षण प्रदान किया। उदाहरण के लिए पुरी जगन्नाथ के प्राचीन मंदिर में, एक मंदिर नरसिंह के नाम समर्पित है। हालाँकि नरसिंह के सभी मंदिर तट के ही निकट नहीं हैं। आंध्र प्रदेश के कुरनूल जिले में, तट से सुदूर, नौ नरसिंह मंदिरों का प्रांगण है, इनमें से प्रत्येक एक पहाड़ी पर स्थित है। जिन स्थानों पर हिंदू राजाओं का प्रभाव घटा, नरसिंह और वराह का पूजन भी कम हुआ, इससे लोगों की आस्था, राम और कृष्ण जैसे अवतारों के प्रति अधिक होने लगी।

*नरसिंह व लक्ष्मी*

यह कोई संयोग नहीं है कि बीसवीं सदी में, अशोक स्तंभ को भारत का राष्ट्रीय प्रतीक बनाया गया, इक्कीसवीं सदी में, 'मेक इन इंडिया' अभियान

का प्रतीक भी सिंह है जबकि सिंह कोई निर्माण नहीं करता, उदाहरण के लिए जैसे बया अपना घोंसला बनाती है।

*वराह धरती को ऊपर लाते हुए*

प्राचीन समय से ही, सिंह प्रभुसत्ता तथा राजसी अधिकार का प्रतीक रहे हैं। श्रमण परंपराओं में भी बुद्ध तथा तीर्थंकर महावीर की आध्यात्मिक विजय को दर्शाने के लिए सिंह का प्रयोग किया गया। जो राजा स्वयं को अजेय मानते थे, उनके लिए महल के स्तंभ से प्रकट होने वाले नरसिंह की कथा, एक पौराणिक चेतावनी है : ईश्वर चतुर से चतुर राजाओं से भी अधिक चतुर हो सकता है।

# 13

## तिरुपति :
## ऋणी देवता के साथ पाँसे खेलना

तिरुपति, तीर्थ स्थल और तीर्थ में वास करने वाले देवता, दोनों का नाम है। तमिल भाषा में तिरु का वही अर्थ है, जो संस्कृत में श्री शब्द का होता है : प्रचुरता, वैभव और शुभता। ऋग्वेद में, श्री एक देवी हैं, जिन्हें पुराणों में लक्ष्मी कहा गया है। इस प्रकार तिरुपति, अथवा श्रीपति, लक्ष्मी पति हुए। उन्हें विष्णु भी कहा जाता है। विष्णु अपने स्वर्गिक धाम वैकुंठ से उतरे और आंध्र प्रदेश के चित्तूर जिले में स्थित सात पहाड़ियों की श्रंखला को अपना आवास बनाया जिसे शेषाचलम कहते हैं। सातवीं पहाड़ी वेंकटाचलम है। इसमें वास करने वाले विष्णु वेंकटेश्वर कहलाते हैं। तिरुपति सातवीं पहाड़ी के प्रवेश के निकट स्थित है।

मंदिर की परंपरा के अनुसार, विष्णु कई युग पूर्व इस धरती पर आए, ऐतिहासिक रूप से मंदिर का परिचय 300 ई. से मिलता है जिसे दक्षिण के सभी प्रमुख शासकों जैसे पल्लवों, चोल, पांड्य और विजयनगर राजाओं और यहाँ तक कि आगे चल कर मराठा राजाओं का भी संरक्षण प्राप्त होता रहा। पारंपरिक वैखानस संप्रदाय के वैष्णव ब्राह्मण इसकी व्यवस्था देखते हैं। मंदिर में और उसके आसपास के कांस्य और पाषाण भित्ति अंकन, तमिल, तेलुगू

और कन्नड़ भाषा में हैं। इनमें कवि-संतों की ओर से किए गए स्तुति-गान भी शामिल हैं जिनमें महान अन्नमाचार्य का नाम लिया जा सकता है।

विष्णु ने वैकुंठ का त्याग क्यों किया? वे अपनी प्रिय पत्नी लक्ष्मी के लिए धरती पर आए, जो पति से किसी विषय में मतभेद होने पर वैकुंठ छोड़ कर धरती पर आ गई थीं। वे पति से रुष्ट थीं क्योंकि भृगु ऋषि ने उनके पति की छाती पर दाईं ओर ठोकर मारी, विष्णु कहते थे कि उनका हृदय परमप्रिया लक्ष्मी का आवास था। विष्णु ऋषि को दंडित करने के बजाए उनके चरणों में गिर कर क्षमायाचना करने लगे और खेद प्रकट किया कि वे ऋषि की अपेक्षा के अनुसार, उनके वैकुंठ आगमन पर स्वागत-सत्कार नहीं कर सके। भृगु उनकी विनम्रता से प्रभावित हो गए; परंतु लक्ष्मी नहीं मानीं। वे वैकुंठ त्याग कर धरती पर आ गईं और करवीरपुर (महाराष्ट्र के कोल्हापुर) में अपना धाम बनाया। विष्णु ने उन्हें खोज निकाला परंतु लक्ष्मी ने वापस जाने से मना कर दिया।

विष्णु ने निर्णय लिया कि जब तक लक्ष्मी का रोष शांत नहीं होगा वे धरती पर ही रहेंगे और उन्हें लेकर ही लौटेंगे। उन्होंने शेषाचलम की सात पहाड़ियों का चयन किया क्योंकि वे उन्हें स्वर्गिक शेषनाग का स्मरण करवाते थे, जिस पर वे प्रायः विश्राम करना पसंद करते थे। उन्होंने अपने ही अवतारों में से एक, वराह से उस जगह ठहरने की अनुमति ली, जो भूदेवी के पति भी थे।

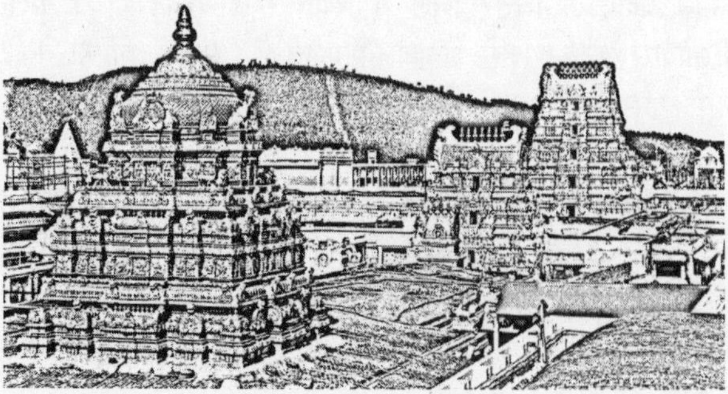

*तिरुपति बालाजी का मंदिर*

आगे की कथा के अनुसार, जब विष्णु शेषाचलम में रहने लगे तो उनके पास भोजन का कोई प्रबंध नहीं था। तब ब्रह्मा और शिव ने निर्णय लिया कि वे गाय और बछड़े का रूप लेंगे ताकि विष्णु को आहार मिल सके। एक ग्वाले ने देखा कि एक गाय, बांबी वाली पहाड़ी पर अपना दूध गिरा रही थी। उसे यह देख कर गुस्सा आया कि दूध व्यर्थ जा रहा था इसलिए उसने गाय पर छड़ी से प्रहार किया। गाय घायल हुई और उसके रक्त की कुछ बूँदें विष्णु पर गिरीं जो उस जगह ध्यान कर रहे थे। विष्णु ने ग्वाले को फटकारा और स्थानीय राजा ने स्वयं आकर क्षमायाचना की।

*तिरुपति बालाजी*

कथा के कुछ अन्य संस्करणों में, राजा ने विष्णु पर आरोप लगाया कि वे एक चोर थे और विष्णु को उस स्थान पर रहने की अनुमति तभी मिल सकती थी जब वे राजा की पुत्री पद्मावती से विवाह कर लें। अन्य संस्करणों में, पद्मावती किसी दूसरे राजा की दत्तक पुत्री थी जिसका जन्म कमल के पुष्प से हुआ था। वह लक्ष्मी जैसी दिखती थी, विष्णु उस पर मोहित हो गए और उसके आगे विवाह का प्रस्ताव रखा। वधू के पिता ने कहा कि विवाह भव्य रूप से होगा और विष्णु को वधू मूल्य भी चुकाना होगा। लक्ष्मी के बिना, विष्णु के पास धन नहीं था। उन्हें कुबेर के पास जाना पड़ा। वे लक्ष्मी के भाई और देवों के कोषाध्यक्ष हैं। कुबेर ने धन देना स्वीकार किया किंतु यह शर्त भी रखी कि पूरा ऋण ब्याज सहित चुकने तक विष्णु को धरती पर ही रहना होगा। विष्णु के पास हामी भरने के सिवा कोई विकल्प नहीं था। विवाह हो गया परंतु जैसा कि सभी विष्णु मंदिरों में होता है, पति और पत्नी के आवास अलग होते हैं। विष्णु का वास पहाड़ी के ऊपर है और वधू राजकुमारी, जिन्हें स्थानीय रूप से अलमेलु मंगा कहा जाता है उनका मंदिर तिरुचनूर पहाड़ी की तली में है।

तीर्थ आने वाले भक्तगण देवता को भारी मात्रा में धन आदि चढ़ाते हैं ताकि वे अपना ऋण अदा कर सकें। इसके बदले में, विष्णु उन्हें अपनी

कृपा प्रदान करते हैं ताकि वे और अधिक धन अर्जित कर सकें या धन के मोह से मुक्त हो सकें। आप अनुमान लगा सकते हैं कि भक्त अपने लिए क्या चुनते होंगे? तो इस तरह यह चक्र जारी रहता है। भक्त विष्णु को धन चढ़ाते हैं, वे उन्हें धनी बनाते हैं और फिर वे अपने देवता को और अधिक धन अर्पित करते हैं और इस तरह तिरुपति सर्वाधिक धनी हिंदू मंदिरों में से एक है, इसके पवित्र गर्भगृह की छत पूरी तरह से सोने से मढ़ी है। इच्छुक भक्तगणों की ओर से चढ़ाए गए धन व संपदा आदि के बावजूद ऋण ज्यों का ज्यों है और विष्णु धरती से जा नहीं सके।

हिंदू धर्म में ऋण की अवधारणा प्रमुख है। हम इस धरती पर अपने पूर्वजों, प्रकृति, देवताओं, ऋषियों और मनुष्यों के ऋण को चुकाने के लिए जन्म लेते हैं। यह जीवन 'लेने' के लिए नहीं 'देने' के लिए बना है। देने से ऋण कम होता है और हमें मुक्ति मिलती है। लेने से हम इस संसार से और बँधते जाते हैं।

अपने वैभव, साफ़-सफ़ाई और व्यवस्था के लिए प्रसिद्ध तिरुपति मंदिर में तकनीक का भरपूर प्रयोग किया गया है ताकि मंदिर में आने वाले लाखों भक्तों के लिए सब कुछ सुविधाजनक रूप से किया जा सके। एक चित्र ऐसा है जिस पर ध्यान दिए बिना रहा नहीं जाता - वेंकटेश्वर हाथीराम बाबा नामक संन्यासी के साथ पाँसे खेल रहे हैं।

*तिरुपति बालाजी पाँसे खेलते हुए*

हाथीराम बाबा लगभग चार सौ वर्ष पूर्व तिरुमलई आए थे और वे प्रभु की स्तुति में घंटों समय बिताते। मंदिर के पंडितों को उन पर संदेह हुआ और उन्होंने बाबाजी को मंदिर से बाहर निकाल दिया। बाबाजी ने तय किया कि वे मंदिर के बाहर झोंपड़ी बना कर रहेंगे, उन्हें आशा थी कि उन्हें कभी तो मंदिर में प्रवेश करने दिया जाएगा। परंतु पंडित भी अपने हठ पर अड़े रहे। वेंकटेश्वर को अपने भक्त पर दया आई और उन्होंने स्वयं मंदिर से बाहर आ कर अपने प्रिय भक्त से मिलने का निर्णय लिया। वे दोनों पहले की तरह पाँसे खेलते हुए समय बिताने लगे।

एक दिन यह पाया गया कि प्रभु के गले का हार ग़ायब था। सिपाहियों ने आसपास तलाशी ली तो वह हाथीराम बाबा की झोंपड़ी में पाया गया। उन्होंने मासूमियत से कहा, “ओह, मेरे साथी ने भूल से छोड़ दिया होगा। वे मेरे साथ पाँसे खेलने आते हैं।” किसी ने उनकी बात पर विश्वास नहीं किया और उन्हें बंदीगृह में डाल दिया गया। चूँकि वे अपने-आप को हाथी कहते थे इसलिए उन्होंने उनके आगे चावल और गन्ने का ढेर लगा दिया। उनसे कहा गया कि अगर उन्होंने एक रात में वह सब खा कर ख़त्म नहीं किया तो उन्हें सुबह फाँसी लगा दी जाएगी। कुछ घंटों बाद, दरबानों ने हाथी के चिंघाड़ने की आवाज़ सुनी और हाथी जेल का दरवाज़ा तोड़ कर बाहर निकल आया। उसने सारे चावल और गन्ने भी खा लिए थे। फिर वह हाथी ओझल हो गया परंतु सिपाहियों और पंडितों को इसमें कोई संदेह नहीं रहा कि हाथी स्वयं वेंकटेश्वर ही थे जो अपने मित्र की रक्षा करने आए थे, बैरागी के पास अपने ऋणी देवता को देने के लिए धन तो नहीं था, परंतु उसने उन्हें उससे भी कुछ अधिक अर्पित किया था - निःस्वार्थ प्रेम!

# 14

## उज्जैन :
## काल और कालातीत

सामान्यतः, हिंदू मंदिरों के इष्ट के मुख पूर्व दिशा की ओर होते है। जबकि उज्जैन में, अधिष्ठाता इष्ट, शिव, जिन्हें महाकालेश्वर के नाम से जाना जाता है, उनका मुख दक्षिण की ओर है। हिंदू रूपक के अनुसार, इस दिशा का संबंध मृत्यु से जोड़ा जाता है। वहाँ वैतरणी नदी प्रवाहित होती है जिससे परे, पुरखों की धरती, पितृलोक स्थित है। शिव पूर्वजों का ध्यान रखते हुए, एक और जीवन की आशा प्रदान करते हैं। वे समय के स्वामी हैं, महाकाल और मृत्यु के विजेता, मृत्युंजय!

हिंदू धर्म में, मृत्यु को दो तरह से जीता गया है; अमरता और पुनर्जन्म। जब हम देह के अनेक जन्मों के बाद, उस अमर आत्मा की खोज कर लेते हैं तो हमें मोक्ष प्राप्त होता है। शैव मूर्तियों में शिवलिंग, उसी अमर और शाश्वत आत्मा का प्रतीक है। इस पर टपकने वाला जल, समय की नदी में नई देह के अंतहीन जन्म और मृत्यु का प्रतीक है।

उज्जैन में महाकालेश्वर का मंदिर, आदि शंकराचार्य की ओर से चिह्नित बारह ज्योर्तिलिंगों में से है। शंकराचार्य आठवीं सदी के वेदांत आचार्य थे। इन स्थानों पर, शिव अग्नि की लाट के रूप में स्वयं उपस्थित हुए (स्वयंभू लिंग)। ऐसे शैव मंदिर मनुष्य के हाथों स्थापित किए गए शिवलिंगों से अलग

*महाकालेश्वर मंदिर*

होते हैं परंतु महाकालेश्वर उज्जैन का एकमात्र शिव मंदिर नहीं है। इसके निकट ही कालभैरव मंदिर भी है। दरअसल, नगर में चौरासी शिव मंदिर और एक शक्ति पीठ भी है - देवी का हर सिद्धि महाकाली मंदिर, जो शैव धर्म से इसके गहरे संबंध को दर्शाता है।

उज्जैन को कभी महाकालवन अथवा 'शिव के वन' के नाम से जाना जाता था, जिसके बीच से दक्षिणपथ निकलता है जो उत्तरी मैदानों को दक्कन के पठार से जोड़ता है। शिव इन्हीं वनों में भटक रहे थे ताकि कोई उन्हें ब्रह्मा के कटे हुए पाँचवें सिर से मुक्त कर दे, उन्होंने ब्रह्मा के दंभ को तोड़ने के लिए उस सिर को काटा था और वह तभी से उनकी हथेली से चिपका हुआ था। शिव इस स्थान पर इसलिए भी भटकते रहे क्योंकि उन्होंने अपनी पत्नी सती के शव के अवशेष उठाए हुए थे। दोनों ही प्रसंगों में, उन्हें क्षिप्रा नदी में डुबकी लगाने से मुक्ति मिली। पहली अवस्था में, उन्हें अपने द्वेष से मुक्ति मिली और दूसरी अवस्था में, वे दुख से मुक्त हुए। कहते हैं कि यह नदी उस रक्त से बनी जब क्रोधित या दुखी शिव ने विष्णु का माथा या अँगुली अपने त्रिशूल से काट दिए थे। देह और आत्मा की शुद्धि के लिए क्षिप्रा नदी में स्नान, उज्जैन यात्रा का एक अभिन्न अंग रहता है।

उज्जैन को कभी अवंती के नाम से जाना जाता था और इस नगर की महानता के संदर्भ, वैदिक और बौद्धिक काल से भी मिलते हैं। इसका संबंध कवि कालिदास और नाटककार भास व शूद्रक से भी रहा, इन सभी ने संस्कृत साहित्य में भरपूर योगदान दिया। यह रहस्यमयी भर्तृहरि और उनके भाई राजा विक्रमादित्य की प्रसिद्ध नगरी है जिनकी कहानियाँ हमें समय की उस चक्रीय प्रकृति की याद दिलाती हैं जो हिंदू धर्म की आधारशिला है।

भर्तृहरि के हृदय को ठेस लगी तो उन्होंने आत्मा के सच्चे स्वरूप को जाना। वे अपनी पत्नी से बहुत प्रेम करते थे परंतु उन्हें पता चला कि उनकी पत्नी तो अस्तबल के रखवाले से प्रेम करती थी जो वास्तव में एक दासी से प्रेम करता था। भर्तृहरि का दिल टूट गया परंतु वे विखंडित व्यक्तित्व

के शिकार हो गए। वे एक अनासक्त बैरागी बन गए जो चंद्रमा के घटने के दिनों में, आध्यात्मिक काव्य रचते और चंद्रमा की कला बढ़ने की अवधि में किसी आसक्त गृहस्थ की तरह ऐंद्रिक काव्य की रचना करते। अंततः वे नाथ-जोगी बन गए, उनकी गुफा उज्जैन के निकट ही पाई जाती है, वहीं उनके गुरु मत्स्येंद्रनाथ का तीर्थ भी स्थित है, जो मुसलमानों में पीर के रूप में माने जाते हैं।

विक्रमादित्य की बात करें, तो उनके जीवन में जीवन की दोहराव से भरी प्रकृति की समझ, एक वेताल से भेंट के बाद आई, जिसे उन्हें एक श्मशान से अपने साथ लाना था। वेताल को पकड़ना तो आसान था परंतु उसे अपने साथ लाना कठिन था, व्यक्ति को अपने पर नियंत्रण रखना होता था कि वह उससे बात नहीं करे। परंतु बचने के लिए दृढ़निश्चयी वेताल, हर बार विक्रमादित्य को एक कथा सुनाता और अंत में निर्णय देने को कहता। 'यदि तुम वास्तव में विक्रमादित्य हो तो तुम यह निर्णय करोगे और यदि तुम पाखंडी हो तो तुम चुप रहोगे।' विक्रमादित्य अपने गर्व के कारण चुप नहीं रह पाता था और उसके उत्तर देते ही वेताल वापस पुरानी जगह पहुँच जाता। ऐसा चौबीस बार हुआ। पच्चीसवीं बार विक्रमादित्य ने प्रश्न का कोई भी उत्तर देने के बजाए मौन रहने का विकल्प चुना। वेताल बोला, "तुम्हें अपने जिस मौन पर इतना घमंड है, तुम्हें उसकी क़ीमत भी चुकानी होगी, प्रिय।" तब उसने बताया कि जिस तांत्रिक ने विक्रमादित्य को वेताल को लाने के लिए कहा था, वह उसी वेताल की सहायता से विक्रमादित्य को राजसिंहासन से उतरवाने की योजना बनाने वाला था। वेताल की पच्चीस कथाओं की दोहराव भरी प्रकृति हमें जीवन की चक्रीय प्रकृति तथा इस चक्र को नष्ट करने से जुड़े जोखिमों का स्मरण करवाती है।

उज्जैन की लोकगाथाओं में, जिस श्मशान भूमि में विक्रमादित्य ने वेताल को पाया था, वहीं से महाकालेश्वर के अनुष्ठानों के लिए भस्म ली जाती है। प्रतिदिन सुबह चार बजे शिवलिंग की भस्म आरती होती है। यह आरती केवल पुजारियों द्वारा बंद दरवाज़ों के भीतर की जाती है। जीवन और पुनर्जन्म से प्रतीकात्मक रूप से जुड़ी स्त्रियाँ - इस अनुष्ठान से निष्कासित हैं क्योंकि इसे यह प्रतीकात्मक रूप से मृत्यु के यथार्थ का उत्सव मनाता है। पारंपरिक रूप से, किसी ताज़ा जले हुए शव की भस्म से आरती की जाती थी जिसे कोई अघोरी संन्यासी देता था। यद्यपि वर्तमान में, भस्म के

*महाकालेश्वर शिवलिंग*

स्थान पर, जले हुए उपले की राख़ का प्रयोग होता है, संभवतः आधुनिक (अथवा विशुद्धिवादी संबंधी) बोध के कारण अनुष्ठान को साफ़-सुथरा बना दिया गया है। उजले, प्रसन्नचित्त वैदिक हिंदू धर्म तथा गहरे गुप्त प्रभावयुक्त तांत्रिक हिंदू धर्म के बीच यह तनाव बहुत प्राचीन है। दोनों ही संप्रदायों को संतुष्ट करने के लिए शिव के दो रूप हैं : भूतपूर्व समुदाय के शिव दूध और गाय के गोबर से बनी भस्म ग्रहण करते हैं, जबकि परवर्ती समुदाय के शिव श्मशान घाट की भस्म और अस्थियों को ग्रहण करते हैं।

मूल महाकालेश्वर मंदिर महाकालवन में स्थित था। दिल्ली के सुलतान, रज़िया सुलतान के पिता इल्तुतमिश ने तेरहवीं सदी में इस पर धावा बोला और लूट लिया। इस पुराने मंदिर में केवल एक ही चीज़ शेष बची है, वह इसका प्रवेश द्वार है, जिसे चौबीस खंभा मंदिर के नाम से जाना जाता है। इसके साथ ही इसके द्वारपाल, देवी महामाया और महालया देखे जा सकते हैं, वे इस बात का स्मारक हैं कि नगरी में शिव और शक्ति की जड़ें बहुत गहरी हैं। परंतु मराठा शासन के युग में, अठारहवीं सदी में सिंधिया शासकों के संरक्षण में मंदिर का पुनः निर्माण किया गया। उन्होंने ही क्षिप्रा नदी के किनारे सिंहस्थ (कुंभ मेला) का आरंभ किया। योद्धा संन्यासियों को निमंत्रित किया गया कि वे उसी प्रकार यहाँ भी जमा हों, जैसे वे हर बारह वर्ष बाद, नासिक के निकट गोदावरी नदी के किनारों पर जाते थे। शासक हिंदू दर्शन के आधारभूत विचार को जानते थे - कुछ भी सदा नहीं रहता, और प्रत्येक वस्तु का पुनः जन्म होता है।

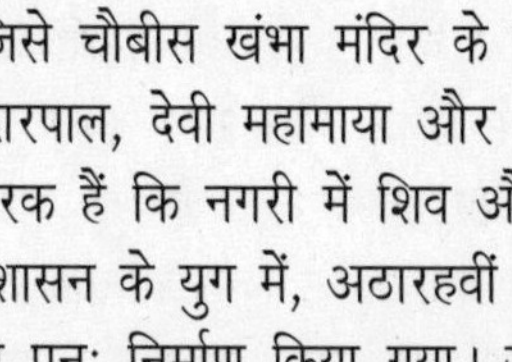

# 4

# तांत्रिक युग
## (एक हज़ार वर्षों से)

बौद्ध व जैन धर्म में, देवियों की भूमिका बहुत कम थी। दरअसल, स्त्रैण जीव विज्ञान को व्यक्ति के आध्यात्मिक विकास में बाधक माना जाता था। शुद्धता इसमें ही थी कि स्त्रैण रूप से दूर रहा जाए। परंतु जब मंदिर लोकप्रिय हुए, तो अग्नि पर आधारित यज्ञों का स्थान जल पर आधारित पूजा ने ले लिया, वेद निगम कहलाए और मंदिरों के अनुष्ठान ग्रंथ अगम कहलाए, देवी प्रधान भूमिका में आ गईं। मंत्र-तंत्र अथवा देह का मेल हुआ। तारा, भैरवी और वज्रयोगिनी जैसी देवियों ने बौद्ध धर्म और हिंदू धर्म को बदल दिया।

इसी समय आदि शंकराचार्य अपनी यात्रा करते हुए नर्मदा घाटी से होते हुए, भारत के दक्षिण से, गंगा के मैदानी इलाक़ों में आए और फिर वहाँ से कश्मीर की ओर गए, वे हिंदू धर्म के ऐसे नए रूप की पुनः स्थापना करना चाहते थे जिसमें वेदों की निराकार दिव्यता का पुराणों में मिलने वाले विविध दैवीय रूपों से मेल हो सके। जहाँ बौद्ध भिक्षुओं ने स्वयं को लोकप्रिय अभ्यासों से अलग कर लिया। आदि शंकराचार्य ने तीर्थ यात्राओं और मंदिरों को बहुत महत्त्व दिया। जैसे उन्होंने वेदों के पुनः जन्म और आत्मा के सिद्धांत का प्रचार किया। इसने ही हिंदू धर्म के वर्धन में अहम भूमिका निभाई। उपमहाद्वीप में बौद्ध धर्म का लोप होने लगा। शंकर निःसंदेह अपनी विधवा माता से बहुत प्रभावित थे और इसके अतिरिक्त वे एक वैदिक विद्वान की पत्नी उभय भारती से भी प्रभावित थे। जिसके कहने पर उन्होंने कश्मीर की यात्रा की और वहाँ की अधिष्ठात्री देवी शारदा से तंत्र की शिक्षा ग्रहण की।

शंकर ने हिंदुओं के तपस्वी जीवन को प्रमुख धारा में लाने में महत्त्वपूर्ण भूमिका अदा की। प्राचीन काल के ऋषि ब्राह्मण और विवाहित थे। यज्ञ और पूजन करने के लिए पत्नी का साथ होना अनिवार्य है। यह बौद्ध और जैन मठ परंपराओं के बिलकुल विपरीत था। परंतु जब बौद्ध धर्म

का पतन हुआ, मठवासी व्यवस्था हिंदू धर्म में लीन हो गई। कहते हैं कि शंकर ने आने वाले समय में हिंदू धर्म के लिए आने वाले संकट को भाँप लिया था इसलिए उन्होंने साधुओं के अखाड़े बनवाए। उन्होंने इस बात पर भी बल दिया कि उपमहाद्वीप के चारों कोनों में शिक्षा के केंद्र स्थापित किए जाएँ, जिनके प्रमुख ब्रह्मचारी भिक्षु और पंडित हों। जिस प्रकार तक्षशिला, विक्रमशिला और नालंदा में बौद्ध शिक्षा केंद्र हुआ करते थे।

और इस तरह इस युग ने देवी के उदय के साथ-साथ कट्टर और ब्रह्मचारी नाथ-जोगियों के बीच संघर्ष की कथाओं को भी सुना, जो योगिनियों की विषयासक्ति के निरोध और नियंत्रण के साथ अपने लिए सिद्धियाँ प्राप्त करना चाहते थे। जो मंदिर सैकड़ों वर्षों से, नृत्य और गायन करने वाली युवतियों से संपन्न थे, वे शीघ्र ही ऐसे साधु-संतों की दृष्टि में आने लगे, जो प्रदर्शन कलाओं के विरुद्ध थे।

# 15

# गुवाहाटी :
# गर्भ का पूजन

असम, गुवाहाटी का कामाख्या मंदिर, सत्रहवीं सदी में कूच बिहार के राजाओं ने बनवाया था। हालाँकि, कुछ लोगों का मानना है कि इसकी इष्ट देवी प्राचीन तांत्रिक देवी हैं, स्थानीय गारो और खासी जाति की देवी, जो वैदिक काल से भी पूर्व या फिर उससे भी कहीं अधिक प्राचीन हैं। परंतु जब मंदिर को किसी एक निश्चित देवी के साथ नहीं जोड़ा गया था, तब तक एक साधारण प्राकृतिक चट्टाननुमा संरचना थी, एक पाषाण के बीच दरार, जो दिखने में मनुष्य की आँख को किसी योनि या स्त्री के यौनांग के प्रवेश द्वार के समान दिखाई देती है जो एक पहाड़ी झरने के उथले तल पर स्थित है।

कहते हैं कि प्रति वर्ष पहली बरसातों के बाद इस दरार से एक लाल रंग का तरल पदार्थ निकलता है : तर्कवादियों का कहना है कि वह भूमिगत मिट्टी के कारण है, निंदक कहते हैं कि पुजारी सिंदूर छिड़क देते हैं और भक्तों का मानना है कि यह देवी के मासिक धर्म का रक्त है। यही कारण है कि तीन दिन तक, अंबुवाची मेले के दौरान, मंदिर के द्वार बंद रहते हैं ताकि देवी विश्राम करते हुए, अपनी उर्वरता पुनः प्राप्त कर सकें।

जब मैंने कई वर्ष पूर्व, कामाख्या तीर्थ में पहली बार प्रवेश किया, तो ऐसा जान पड़ा मानो मैं धरती के गर्भ गृह में प्रवेश कर रहा था। सीढ़ियों से नीचे उतरते हुए मैं एक भूमिगत कक्ष में पहुँचा जहाँ एक झरना बहता है और वहीं आपके सामने तीन मुकुट हैं, जो देवी के तीनों रूपों का प्रतिनिधित्व करते हैं : लक्ष्मी, सरस्वती और कामाख्या, इनमें से तीसरी सबके आकर्षण का केंद्र हैं। वे लाल वस्त्रों व पुष्पों से ढँकी रहती हैं। मुझे बताया गया कि मुकुट तले वही दरार है।

किंवदंती के अनुसार, जब शिव की पत्नी सती ने पिता से विवाद होने पर अपने प्राण ले लिए तो शिव का दुख किसी भी सांत्वना से परे हो गया था। उन्होंने सती के शव को कंधे पर लादा तथा धरती पर भटकने लगे। तब विष्णु ने किसी युक्ति से शव को कई टुकड़ों में काट दिया और शिव को विवश होकर उसे त्यागना पड़ा। पृथ्वी पर जहाँ-जहाँ सती की देह के अंग गिरे, वे शक्ति पीठ अथवा देवी के स्थान कहलाए। इन तीर्थों की संख्या अलग-अलग कही जाती है जो संदर्भित ग्रंथ या परिचित परंपरा पर निर्भर करती है। परंतु एक बात तो स्पष्ट है : देवी का गर्भ कामाख्या में आ कर गिरा था।

आज यदि यौनांगों और विशेष तौर पर स्त्री के जननांगों की चर्चा सार्वजनिक रूप से की जाए तो इससे लज्जा और अपराध बोध अथवा तिरस्कार का भाव दिखाई देता है जो हमारे सामाजिक अनुकूलन का परिणाम है जो जननांगों से जुड़ी सभी चीज़ों को तिरस्कृत समझता है। हालाँकि हिंदू परंपरा में दिव्यता को प्रायः इनके माध्यम से ही प्रकट किया जाता है। कुछ पश्चिमी विद्वानों को यह कामुक और कुछ हिंदू सुधारवादियों को अपमानजनक लग सकता है, परंतु अभी पिछले कुछ समय तक भारत लैंगिकता

*कामाख्या का मंदिर*

तथा उर्वरता के प्रति बहुत ही स्वस्थ दृष्टिकोण रखता था।

वास्तव में, हिंदू धर्म वैदिक आधार से उभरा जो बौद्ध और जैन धर्म की श्रमण परंपराओं द्वारा जाग्रत की गई कामुकता रहित तथा अनुर्वरता के भावों के प्रति पलटवार था। संन्यासी के संसार तथा गृहस्थ के संसार के बीच के इस तनाव को विविध कामुक तथा गैर-कामुक छवियों से संप्रेषित किया गया। भूतपूर्व को तांत्रिक तथा परवर्ती को वैदिक अथवा वेदांतिक कहा गया। गैर-कामुक चित्रकारी या छवि भी वही विचार संप्रेषित करती थी जो कामुक चित्रकारी से प्रकट होता था। गर्भ तथा लिंग के बजाए पौधों, पशुओं, ज्यामिति, कलात्मक वस्तुओं तथा मनुष्यों के चित्रों को जीवन व उर्वरता के रूपकों के रूप में प्रयुक्त किया गया।

कृषि समुदायों में यह एक सामान्य मान्यता है कि भूमि भी एक देवी है और सभी उर्वरा स्त्रियों की तरह, इसे भी मासिक धर्म होता है। ओड़िशा में, प्रसिद्ध रोजो उत्सव मनाया जाता है, जिसके दौरान स्त्रियों से विश्राम करने को कहा जाता है और उन्हें धरती पर पैर नहीं रखने दिया जाता क्योंकि वह भी विश्राम कर रही है। यह सारा दिन पलंग पर बैठ कर खेलने या झूला झूलने का दिन होता है और वे स्त्रीत्व का उत्सव मनाती हैं। इस उत्सव में स्त्रियों को 'अपवित्र' रूप में नहीं देखा जाता। उनकी देह, जो नए जीवन को धारण करने योग्य हो रही है, उसका पता मासिक धर्म से पता चलता है, वे उसका उत्सव मनाते हैं।

श्रमण परंपराओं में मासिक धर्म और स्त्री की देह का भय, उर्वरता और कामुकता का त्याग देखा जा सकता है। बौद्ध धर्म हमें बताता है कि किस प्रकार बुद्ध ने मार की पुत्रियों को चतुराई से मात दी ताकि उन्हें कष्ट से मुक्ति का उपाय मिल सके। हिंदू धर्म में, मार ही काम बन गया और उसकी पुत्रियाँ अप्सराओं के रूप में जानी जाती हैं जो ध्यानरत तपस्वियों का ध्यान भंग करती हैं।

शिव ने अपने तीसरे नेत्र की सहायता से कामदेव को भस्म कर दिया था परंतु उनकी आँख, अक्ष तथा कामना, काम ही मिल कर कामाख्या बन गए। उन्होंने शिव को कामांतक में रूपांतरित कर दिया, इच्छाओं और कामनाओं का अंत करने वाले, कामनाओं के स्वामी। बौद्ध धर्म में, तारा बोधिसत्व को स्वीकार करती हैं, जिससे तिब्बत की कामुक यब-यम (पिता-माता) छवियों

*कामाख्या*

का उदय हुआ। इस प्रकार, देवी अथवा प्रकृति, देवता अथवा मनस् पर विजय प्राप्त करती हैं जो मुक्त होना चाहते हैं। (यह लिंग विभाजन के विचार को प्रयुक्त नहीं करने के विरुद्ध जाता है)।

दक्षिण भारत में, कामाख्या को कामाक्षी कहते हैं, और काम के प्रतीकों के साथ उनका मानसिक चित्रण होता है : गन्ना, फूल व तोता। असम में, उन्हें बहुत अलग तरह से देखा जाता है : वे छह शीश और बारह भुजाओं वाली देवी के रूप में, उस कमल पर आसीन हैं, जो शिव की नाभि से निकल रहा है, जो एक सिंह पर सवार हैं। यह चित्र एक ओर लोकप्रिय ब्रह्मा की वैष्णव छवि का स्मरण करवाता है जिसमें एक कमल पर विराजे हैं, जो सर्प पर निद्रालीन विष्णु की नाभि से निकल रहा है। वैष्णव परंपराओं में, ब्रह्मा के जन्म के बाद उनका चित्रण भयभीत रूप में किया गया है जबकि शाक्त परंपराओं में देवी सर्वशक्तिशाली है और उसने शिव की छाती पर अपना पैर रखा हुआ है।

कामाख्या को कभी-कभी कमला के रूप में चिह्नित किया जाता है (जो कमल पर विराजती हैं) या उन्हें षोडशी (जो सोलह वर्ष की हैं) भी कहा गया है। कई बार वे महाविद्या संग्रह में देखी जा सकती हैं। दस महाविद्याओं की छवि कामाख्या के मंदिर प्रांगण में देखी जा सकती है, परंतु ये पूरी तरह परवर्ती तांत्रिक परंपराओं से हैं। कामाख्या उन कुछ छिन्नमस्तिका मंदिरों में से हैं, जहाँ देवी को अपना ही शीश काट कर रक्तपान करते हुए दिखाया जाता है, उस समय वे संभोगरत जोड़े पर बैठी दिखाई जाती हैं। हिंसा और संभोग की यह छवि, अ-हिंसा तथा गैर-कामुकता को प्रत्यक्ष चुनौती है जिसे श्रमण संप्रदायों ने आकर्षक बनाया था।

कामाख्या को कई बार पृथ्वी देवी, भू-देवी के रूप में भी जाना जाता है जो विष्णु की पत्नी हैं। ऐसा जान पड़ता है कि यह दावा विष्णु के अनुयायियों

ने किया होगा क्योंकि देवी की लोकप्रियता शिव से संबंधित है। जब विष्णु ने वराह रूप में भू-देवी की रक्षा की थी, तो उन्होंने नरक नामक असुर संतान को जन्म दिया था, जिसका वध कृष्ण के हाथों हुआ। असम में विख्यात संत शंकरदेव ने कृष्ण भक्ति तथा उनके शाकाहारी रीति-रिवाजों को प्रचलित किया। परंतु उनका भक्ति संप्रदाय, बंगाल के चैतन्य वैष्णववाद की तरह नहीं है। इनके यहाँ राधा का वर्णन नहीं होता, संभवतः वे देवी के प्रभाव तथा उसके उर्वरता और कामुकता के उत्सव को परे रखना चाहते थे। इस प्रकार, हमें सदियों पूर्व कामुकता और गैर-कामुकता, गृहस्थ-श्रमण, तंत्र और वेदांत के बीच तनाव दिखाई देता है जो समकालीन तनावों के साथ गुंजायमान है। यह इसी तरह था और इसी तरह रहेगा।

# 16

# दिल्ली :
# उग्र अभिभावक

प्रवेश द्वार पर संकेत स्पष्ट है : 'मंदिर के आसपास भिखारियों को शराब पिलाना सख़्त मना है'। यह किलकारी भैरव का मंदिर है, जिसकी स्थापना पांडवों ने इंद्रप्रस्थ के प्रवेश द्वार पर की थी, जो अब दिल्ली के पुराना किला की बाहरी दीवारों से चिपका हुआ है।

यहाँ, इष्ट को शराब की बोतलें अर्पित की जाती हैं, बोतल की आधी शराब तेज़ गर्म कड़ाही में डालते ही उड़ जाती है और बाक़ी आधी बोतल प्रसाद के रूप में वापस कर दी जाती है। इस मंदिर में नवविवाहित जोड़ों और परिवारों का ताँता बँधा रहता है, जिन्हें शराब के इस भोग से कोई आपत्ति नहीं है। जो लोग इष्ट को शराब चढ़ाने में असहज महसूस करते हैं, उनके लिए सड़क के निकट ही दूधिया भैरव हैं, जहाँ कच्चे दूध और फलों का भोग स्वीकार किया जाता है।

किलकारी का अर्थ है किसी बालक का आनंदित होकर चिल्लाना। हिंदू मूर्तिकला में, भैरव को दो रूपों में दिखाया जाता है : एक उग्र और भयंकर रूप है, आँखें सुर्ख़ लाल, खड़ा हुआ लिंग, गले में नरमुंड माला, वे एक उन्मत्त कुत्ते पर सवार एक कटोरे से शराब या रक्त पीते हुए दिखते हैं; दूसरे रूप में वे बालक हैं, यहाँ भी कुत्ते पर सवार है और हाथ में मनुष्य का कटा सिर थामा हुआ है। पहले रूप को काल भैरव या काला भैरव कहा जाता है। उग्र रूप शराब पीता है, उसे भाँग और धतूरा प्रिय है। काल भैरव

का संबंध समय से है इसलिए यह मृत्यु, विनाश और अंधकार से जुड़ा है। बालक भैरव, बटुक भैरव या गोरा भैरव कहलाते हैं। वे दुग्धपान करते हैं। दोनों ही भैरव, शिव की पवित्र शिवरात्रि से पूर्व, ढोल और नगाड़ों की धुन पर किलकारियाँ भरते हैं, नाचते-गाते और चिल्लाते हैं। भक्तगण भी उनके इस आनंद में शामिल हो जाते हैं, उस समय रात को मंदिर में, दिन में दिखने वाली सुव्यवस्था कहीं नहीं होती।

शिव के पारंपरिक मंदिरों से हटकर, यहाँ नंदी की कोई प्रतिमा नहीं है। केवल श्वान - भैरव के वाहन। मंदिर परिसर में निरंतर कुत्ते ही घूमते रहते हैं, जो भक्तगण का स्नेह पाकर आनंदित होते हैं। शिव को लिंग प्रतीक से प्रकट नहीं किया जाता, यहाँ उन्हें एक सिर के साथ दिखाया गया है। संस्कृत के पौराणिक साहित्य में भैरव की कथाएँ बहुत कम हैं, परंतु प्रांतीय साहित्य, लोक और ग्रामीण परंपराओं में बहुतायत में मिलती हैं, ये प्रायः हिंदू धर्म की प्रमुख धारा के सीमांत पर पाई जाती हैं। इन कथाओं में आप आसानी से अप्रिय हिस्सों की काँट-छाँट नहीं कर सकते। ये कथाएँ काम और हिंसा की आदिम प्रवृत्तियों से जुड़ी हैं। यदि उन्नीसवीं सदी के यूरोपीय यात्रियों को ये तीर्थ और अभ्यास 'आदिम और बर्बर' लगे, आज, इक्कीसवीं सदी में, न्यू एज यात्री इस अनुभव को 'सच्चा और प्रामाणिक' मानते हैं। इससे गैर-अब्राहिमी धार्मिक अभ्यासों के लिए हमारी प्रवृत्ति में बदलाव का पता चलता है, जिसे इंडोलॉजिस्ट तिरस्कारपूर्वक नास्तिक कहते आए हैं।

प्रसंग के अनुसार, देवी ने अपनी गुफा में प्रवेश किया और द्वार पर रक्षा के लिए एक वानर को छोड़ दिया। वह वानर लंगूर देवता कहा जाता है और अब उसका संबंध हनुमान से जोड़ा जाने लगा है। वह वानर देवी का सेवक था और उसने ब्रह्मचर्य का संकल्प लिया हुआ था। वह देवी को अपनी माता के समान मानता था। हालाँकि भैरव देवी से शारीरिक संबंध बनाना चाहता था। कुछ कथाओं के अनुसार, वह एक राक्षस था। कुछ कथाओं के अनुसार भैरव एक तांत्रिक था, जिसके लिए काम अनुष्ठान, उसकी

*पुराना किला का मंदिर*

साधना का अंग थे। कुछ कथाओं के अनुसार, जब भैरव ने ब्रह्मा के वासना और दंभ से भरे पाँचवें सिर का नाश कर, उसका रक्तपान किया तो वह वासनामयी हो गया। जो भी हो, यह जान कर देवी को इतना क्रोध आया कि उसने चंडी का रूप धरा और भैरव का सिर काट दिया। उस शीश ने देवी से क्षमायाचना की और उनकी महिमा का गुणगान करने लगा। तब देवी ने कहा कि भैरव के कटे शीश को भी पूजा जाएगा। वह उनका संरक्षक होगा और भैरव को पूजे बिना, देवी का कोई भी पूजन स्वीकार नहीं होगा।

*काल भैरव*

भक्तजन के लिए, भैरव भोलेनाथ अथवा शिव का रूप है। वे भोले हैं इसलिए संसार के तौर-तरीक़े नहीं जानते, यही कारण था कि वे देवी की स्वीकृति के अभाव को समझ नहीं सके। देवी ने भले ही उन्हें उनकी धृष्टता के लिए फटकारा परंतु उनकी निर्दोषिता को मान देते हुए, उन्हें अपने भक्त में भी बदल दिया और इष्ट भी बना दिया, जिसने अपनी ही वासनामयी देह उनके सामने उघाड़ दी थी।

तांत्रिक जीव तत्व में, मनुष्य नश्वर है क्योंकि उनका वीर्य देह से बाहर निकल जाता है। तांत्रिक अनुष्ठान मनुष्य को इस योग्य बनाते हैं कि वीर्य रीढ़ की हड्डी से उठते हुए, सिर में जा कर अमृत में रूपांतरित हो और इस तरह साधक को अनेक शक्तियों और सिद्धियों की प्राप्ति हो सकती है। भैरव का शीश उसी अमृत से भरा है इसलिए वह पूजा के योग्य है। उसके पास देह नहीं, इसलिए उसे केवल मदिरापान का ही आनंद मिल पाता है, वह मदिरापान करने पर किलकारी भरते हैं और बदले में अपने भक्तों की हर मनोकामना पूरी करते हैं।

कहते हैं कि भीम, पहाड़ियों से भैरव की प्रतिमा को पुराने किले में लाया था। भैरव की शर्त यही थी कि एक बार प्रतिमा को उठाने के बाद वह उसे धरती पर वापस नहीं रखेगा। यदि उसने उसे कहीं रख दिया तो वह

वहीं प्रतिष्ठित हो जाएगी। भीम उस प्रतिमा को इंद्रप्रस्थ के अंदर ले जाना चाहता था परंतु उसे द्वार के निकट ही बहुत ज़ोर की भूख लगी और वह भोजन करने के लिए ठहर गया। इस तरह, प्रतिमा द्वार पर ही स्थापित हो गई। भीम का भैरव से निकट संबंध रहा है, भैरव उनमें से जाने जाते हैं जो देवी को वासना भरी दृष्टि से देखने वालों पर आक्रमण कर देते हैं, भीम ने भी उन कौरवों का रक्तपान कर, हड्डियाँ तोड़ दी थीं, जिन्होंने उसकी पत्नी का चीरहरण किया था। महाभारत के लोक संस्करणों में, अपने शोषकों के रक्त से केश धोने वाली द्रौपदी को देवी का रूप माना जाता है।

इतिहासकारों ने इंद्रपत नामक ग्राम का भी पता किया है जो किले की दीवारों के भीतर, 1913 तक मौजूद था। उस जगह की खुदाई से तीन हज़ार साल पुराने मिट्टी के बर्तन मिले हैं, जो संकेत देते हैं कि वह वास्तव में वैदिक काल से एक प्राचीन बस्ती थी। अब हम जिस किले को देखते हैं, इसका निर्माण हुमायूँ और शेर शाह सूरी ने करवाया था और मुगल काल, और किला कुन्हा मस्जिद की निकटता के बावजूद, भैरव तीर्थ आज भी फल-फूल रहा है। कल्पना की जा सकती है कि राजपूत, तुर्क और अफ़गान सिपाहियों के बीच एक ऐसे स्थानीय देवता के प्रति कितना स्नेह रहा होगा, जिसका सिर उसके धड़ से अलग कर दिया गया, जिसकी वासना को देवी ने हरा, जिसे मदिरापान करना भाता है। हो सकता है कि वे हिंसा के साथ होने वाले संघर्ष के दौरान इस तीर्थ में मन की शांति के लिए आते रहे हों।

जिस तरह कुछ समकालीन हिंदू नेता हिंदू धर्म को एक प्रकार के सजातीय विशुद्धतावादी धर्म में बदलने के प्रयत्न कर रहे हैं, इस प्रकार के तीर्थ स्थल हमें स्मरण करवाते हैं कि यह धर्म समावेश और किसी की परख़ नहीं करने की प्रकृति रखता है, जहाँ इष्ट अपने भक्तों पर अपने तौर-तरीक़े नहीं थोपते, और भक्त इष्ट पर अपने तौर-तरीक़े लागू नहीं करते।

# 17

## हीरापुर :
## परिमंडल में योगिनियाँ

एक समय था, जब अलंकृत युवतियाँ हिंदू मंदिरों में रहती थीं। वे कला, नृत्य, गायन और संगीत की धुनें तैयार करने में मग्न रहती थीं। उनके अनेक प्रेमी हुआ करते थे क्योंकि वे किसी एक पुरुष से नहीं अपितु इष्ट से बँधी थीं। मंदिर की दीवारों पर आने वाली पीढ़ियों के लिए उनकी लास्यमयी सुंदरता को सहेजा गया। भारत के अंग्रेज़ शासक ऐसी मातृसत्तात्मक संरचनाओं की कल्पना नहीं कर सके और उन्होंने इन मुक्त स्त्रियों को वेश्याओं का नाम दे दिया। समाज सुधारकों ने भी इस बात का समर्थन किया, वे भी यह मानते थे कि इन स्त्रियों का शोषण हुआ था और उनका अपनी देह पर अधिकार नहीं था। स्वतंत्रता सेनानियों से कोई सहयोग नहीं मिला, क्योंकि उनके लिए स्त्रियाँ केवल माता, बहनें और पुत्रियाँ ही हो सकती थीं। वे उनके लिए कामना की वस्तु या वांछनीय नहीं थीं। पुरोहितों और पंडों ने पितृसत्तात्मक तथा नैतिकतावादी लहर को बढ़ावा दिया ताकि मंदिरों के अनुष्ठानों तथा संपत्ति से स्त्रैण नियंत्रण को क़ानूनन बाहर किया जा सके।

यह एक विडंबना थी, प्राचीन शिल्पकारों ने मंदिरों की कल्पना एक शिथिल स्त्री की लेटी हुई देह के रूप में की थी, जिसके गर्भ में मंदिर के इष्ट

विराजते थे। मंदिर कामुकता और उर्वरता के संरचनात्मक उत्सव थे, जिन्होंने बौद्ध विहारों की श्रमण अनुर्वरता को चुनौती दी। दरअसल, एक हज़ार वर्ष पूर्व, विष्णु और शिव जैसे पुरुष इष्टों को समर्पित भव्य मंदिर प्रांगणों के निर्माण से पूर्व, निराकार रूप में ईश्वर को मानने वाले इस्लाम के आगमन से पूर्व, भारत में विशिष्ट रूप से ऐसे ही मंदिर पाए जाते थे, जो मातृत्व को समर्पित थे – योगिनियों के मंडलाकार मंदिर इनमें से कुछ आज भी पाए

*योगिनियों के छत विहीन मंडलाकार मंदिर*

जाते हैं। इनमें से दो ओड़िशा में स्थित हैं : भुवनेश्वर के निकट हीरापुर, और बोलंगीर के निकट रानीपुर। मध्य प्रदेश में ऐसे तीन मंदिर मिलते हैं : जबलपुर में भेड़ाघाट के निकट, ग्वालियर के निकट मुरैना जिले में मितावली और खजुराहो में मंदिर के अवशेष, जो पूरी तरह से वृत्ताकार नहीं हैं। इन मंदिरों को बहुत समय पहले, रहस्यमयी कारणों से त्याग दिया गया था। क्या वह कोई प्राकृतिक पतन था, जो शिव और विष्णु के भक्तिपरक संप्रदायों के उत्थान के साथ हुआ? क्या यह संन्यासियों की वेदांतिक मठ संबंधी धारणा के कारण संभव हुआ? क्या यह मुस्लिम आक्रमणकारियों जैसे अफ़गान सेनापति कालापहाड़ के कारण हुआ जिसने ओड़िशा पर हमला किया और उसकी अधिकतर मूर्तियों को नष्ट-भ्रष्ट कर दिया? हम केवल अनुमान ही लगा सकते हैं। मंदिरों को नए सिरे से खोजा गया और पिछली सदी में ही पुरातत्वविद् इनका पुनः उद्धार कर सके। इन इष्ट मातृकाओं के विषय में संस्कृत ग्रंथों से कोई स्पष्ट जानकारी नहीं मिलती। नामों, लक्षणों, गुणों व अनुष्ठानों की असंख्य सूचियों के बीच, दुर्गा और काली की

पौराणिक कथाएँ ही मिलती हैं जो स्त्री योद्धाओं की सेना लिए लड़ने निकलती हैं, प्रायः उन्हें पुरुष देवताओं की शक्ति के रूप में प्रकट किया गया है, जो असुरों का रक्तपान करती हैं।

एक पारंपरिक हिंदू मंदिर वर्गाकार होता है और इसका अनुस्थापन रेखीय होता है, इष्ट प्रायः पूर्वाभिमुखी होते हैं परंतु इन मंडलाकार मंदिरों में, इष्ट का मुख प्रत्येक दिशा में है, हालाँकि कुएँ जैसी संरचना में प्रवेश द्वार वाली मूर्ति का मुख पूर्व की ओर होता है। इनमें पारंपरिक विमान अथवा गुंबद नहीं पाया जाता। मंदिर में कोई छत ही नहीं होती। ओड़िशा के हीरापुर और रानीपुर मंदिरों में, योगिनियों के मुख भीतरी दीवारों पर बने हैं और उनका मुख प्रमुख मंदिर की ओर है। मध्य प्रदेश के भेड़ाघाट और मितावली मंदिरों में, योगिनियों के निजी तथा स्तंभयुक्त मंदिर है। परंतु वे सभी एक प्रमुख मंडलाकार प्रांगण में खुलते हैं। हीरापुर, रानीपुर और जबलपुर की प्रतिमाएँ खंडित नहीं हैं। खजुराहो में केवल तीन प्रतिमाएँ शेष हैं। मुरैना में कोई प्रतिमा नहीं है। क्या उन्हें किसी समय हटा कर उस जगह शिवलिंग स्थापित कर दिया गया? निश्चित रूप से कोई नहीं जानता।

हीरापुर की मूर्तियों में स्त्रियों को विभिन्न मुद्राओं में दिखाया गया है। कुछ नृत्यरत हैं, कुछ धनुष-बाण और त्रिशूलों से शिकार कर रही हैं, कुछ मृदंग बजा रही हैं, कुछ रक्तपान अथवा मदिरापान कर रही हैं, कुछ हाथों में सूप लिए घर का कामकाज कर रही हैं। इनमें से अधिकतर युवतियाँ अलंकृत हैं और इनकी केश सज्जा दर्शनीय है। कई स्त्रियों के सिर के स्थान पर सर्प, भालू, सिंह अथवा हाथी का सिर दिखाया गया है। वे मनुष्यों के सिरों, नर देहों, कौओं, मुर्गों, मोरों, बैलों, गधों, सूअरों, बिच्छुओं, केकड़ों, ऊँटों, कुत्तों, पानी और जल के बीच खड़ी हैं। इनमें से कुछ को पहचाना जा सकता है, जैसे भयंकर चामुंडा, हाथ में वीणा थामे सरस्वती, कलश थामे लक्ष्मी तथा विष्णु के अवतारों के स्त्रैण रूप जैसे नरसिंही और वराही तथा इंद्राणी जैसी वैदिक देवी।

यह पूरी तरह से स्पष्ट है कि योगिनियाँ जीवन का समर्थन करती थीं। यदि योगी जीवन से विरक्त होते थे तो योगिनी जीवन का अंगीकार करती थी। यदि योगी अमरत्व की चाह रखता था तो योगिनी को नश्वरता का भय नहीं था। यदि योगी इच्छाओं को वश में करता था तो योगिनी इच्छाओं को नियंत्रित नहीं करती थी।

चौंसठ की संख्या ही क्यों? यहाँ भी केवल अनुमान ही लगा सकते हैं। हो सकता है कि यह उन चौंसठ कलाओं के संदर्भ में रहा हो जिनमें अप्सराओं और देवदासियों को निपुण माना जाता था। हो सकता है कि यह अर्थ और अधिक गोपनीय रहा हो, दिवस के आठ विभाजन को दर्शाता हो जिनसे एक दिवस बनता है, अथवा आठ दिशाओं, अथवा भारत में खेले जाने वाले शतरंज के खानों को दर्शाता हो।

इन सभी मंडलाकार मंदिरों में एक प्रमुख संरचना है। हीरापुर में, केंद्रीय संरचना एक बरामदा है जो ख़ाली है और जिसकी छत नहीं है। इसमें चारों दीवारों पर चार भैरवों और चार योगिनियों की मूर्तियाँ हैं। रानीपुर में प्रमुख मंदिर में एक तीन सिर वाले भैरव की प्रतिमा है जो शिव का रौद्र रूप है। मुरैना में, लिंग स्थापित है। भेड़ाघाट में एक मंदिर है जिसमें विचित्र रूप से, नंदी पर सवार शिव और पार्वती की प्रतिमा मिलती है। क्या इसे बाद में रखा गया था? पारंपरिक रूप से, शिव मंदिरों में शिव को स्वरूप के स्थान पर लिंग रूप में पूजा जाता है।

जब देवी तांत्रिक परंपराओं में सामूहिक रूप में प्रकट होती हैं, तब भी उनके रूपों को मंडलाकार नहीं, बल्कि रेखीय रूप में ही दिखाया जाता है, उनके साथ एक पुरुष होता है - भैरव, प्रायः उसे उग्र रूप में दिखाया जाता है जिसका लिंग उत्तेजित रहता है। वह एक संरक्षक अथवा प्रेमी के रूप में उनके साथ होता है। स्त्रियाँ उसके आसपास वृत्त बनाती हैं। क्यों?

*देवियों का सामूहिक स्वरूप महाविद्या के रूप में जाना जाता है*

क्या संसार त्यागी भिक्षु को स्त्रैण को मान्यता देने को विवश किया गया? क्या यह प्रकृति का चित्रण है, जहाँ हर कोख पवित्र है और पुरुषों में केवल प्रथम ही मायने रखता है; बाक़ी सभी उपयोग करके फेंकने योग्य हैं। अथवा यह

कोई तांत्रिक पूर्ववर्ती हो सकता है जो आगे चल कर रास-लीला में बदला, जिसमें योगिनियों ने लजीली गोपियों का रूप धरा और भैरव ने मनमोहक कृष्ण का रूप ले लिया? हमारे पास अनुमान के अतिरिक्त कुछ नहीं है।

जिस समय आप यह सोचते हैं कि भारत ने योगिनियों को भुला दिया है तो कोई आपको बताता है कि मितावली के मंडलाकार योगिनी मंदिर ने ही अंग्रेज़ शिल्पकारों को प्रेरणा दी जिन्होंने भारत के संसद भवन का निर्माण किया। जी हाँ, वह भी मंडलाकार है, इसमें एक मंडलाकार प्रांगण है; और हाँ, इसमें एक प्रमुख कक्ष भी है। इसमें बहुत सारे भैरव हो सकते हैं; और अधिक योगिनियों का समय आ गया है।

# 18

## शारदा :
## सीमा के पार देवी

यह ऐसा मंदिर है जिसमें हम दर्शन करने नहीं जा सकते। अब यह कोई मंदिर नहीं बल्कि खंडहर मात्र है। यह पाकिस्तान अधिकृत कश्मीर में नियंत्रण रेखा (एलओसी) के पार, किशनगंगा नदी के निकट स्थित है। अब इस नदी को नीलम नदी कहा जाने लगा है जो सुनने में अधिक इस्लामी लगता है। यह शारदा-पीठ है, कहते हैं कि इसी जगह पर सती के शव का दायाँ हाथ गिरा था। यह कभी ज्ञान की देवी, सरस्वती देवी का मंदिर हुआ करता था और शिक्षा के केंद्र के रूप में जाना जाता था। यहीं से शारदा लिपि आई जो कभी उत्तर भारत में बहुत लोकप्रिय थी और जिसने अंततः पंजाबियों और सिक्खों की गुरुमुखी लिपि को बढ़ावा दिया। आज इस मंदिर में केवल पत्थर की दीवारें मौजूद हैं, मंदिर की छत पर पिरामिड आकार की छत नहीं है, इसे आप भारत की ओर स्थित भव्य मार्तंड मंदिर (वह भी अब खंडहर हैं) की बुरी प्रतिलिपि कह सकते हैं।

भले ही यह जगह पुरानी हो, पुरातत्वविशेषज्ञों का मानना है कि मार्तंड मंदिर की तरह, शारदा पीठ संभवतः 1300 वर्ष पूर्व बना होगा और 500 वर्ष पूर्व सिकंदर बुतशिकन द्वारा नष्ट कर दिया गया, जिसने कश्मीर में इस्लाम स्थापित करने के लिए बहुत ही बर्बरता का प्रयोग किया। सिकंदर का अर्थ

है, 'विजेता' और बुतशिकन का अर्थ है, मूर्ति भंजक, इस तरह यह उपाधि एक नाम से कहीं बढ़ कर हो जाती है। फ़ारसी-अरबी शब्द, 'बुत' का अर्थ, बुद्ध से है, चूँकि मुसलमान मूर्ति भंजकों को मध्य एशिया में कई बौद्ध प्रतिमाओं का सामना करना पड़ा और इसके बाद उन्होंने दक्षिण एशिया में हिंदू प्रतिमाओं को देखा। शारदा-पीठ का उन्नीसवीं सदी में आंशिक रूप से कश्मीर के महाराज गुलाब सिंह ने पुनः उद्धार करवाया था परंतु 1948 में पश्तून कबीलाई हमलों ने सारी जगह तहस-नहस कर दी और उसके बाद उसका प्रयोग बंद हो गया। 2005 में आए भूकंप ने रही-सही कसर पूरी करते हुए, ढाँचे को और भी नष्ट कर दिया।

इस्लामोफ़ोबिया के आरोपों से बचने और हिंदू श्रेष्ठतावादियों को यह यक़ीन दिलाने के लिए कोई राजनीतिक दख़ल नहीं था, शिक्षाविद् प्रायः मुसलमान लड़ाकुओं द्वारा हिंदू मंदिरों के तोड़े जाने की घटनाओं को कम करके ही बताते हैं। बहुत से लोग तो यहाँ तक कहते हैं कि ये रिपोर्टें बहुत बढ़ा-चढ़ा कर पेश की गई हैं या वे सब धार्मिक नहीं, राजनीतिक थे इसलिए उन्हें समझा जा सकता है या उनका महत्त्व कम करने के लिए, यह कहते हैं कि कुछ हिंदू राजा, अपने बैरी हिंदू राजाओं के मंदिरों के विरुद्ध थे इसलिए यह सब उसी हिंसा का परिणाम है।

*शारदा मंदिर के खंडहर*

सच तो यही है कि कश्मीर में सरस्वती का एक मंदिर था और उस क्षेत्र का लंबा बौद्ध और हिंदू इतिहास रहा है जो इस्लाम के आगमन के साथ धुँधला गया। कश्मीरी युवाओं को ख़लीफ़ा के आईएसआईएस संस्करण को ग्लैमराइज़ करने के लिए प्रोत्साहित किया जा रहा है, वे सभी भारतीय चीज़ों से घृणा करते हैं। ऐसा कोई नहीं जो उन्हें उनके इस्लाम-पूर्व धरोहरों पर ध्यान देने को प्रोत्साहित करे, उनके द्वारा धरोहरों का जश्न मनाना तो बहुत दूर की बात रही; संभावना यह है कि यह सब ओझल हो जाएगा, जैसे अधिकतर अरब में हुआ। कश्मीर की गैर-इस्लामी धरोहर को केवल कश्मीरी पंडितों पर नहीं छोड़ना चाहिए, जिन्हें उनके ही घर से खदेड़ दिया गया। पाकिस्तानी शिक्षाविद् और संस्कृति प्रेमियों ने अपनी गैर-इस्लामी धरोहरों को बचाने की कोशिश की, परंतु वे आशंकित रहे, उन्हें भय था कि उन पर ईश-निंदा का आरोप नहीं आ जाए।

शारदा की स्तुति करते हुए, उन्हें सदा कश्मीर-वासी कहा जाता है। और लंबे समय से कश्मीर शारदा-देश के नाम से जाना जाता था, ज्ञान की देवी की भूमि। शारदा पीठ निश्चित रूप से शिक्षा का केंद्र था। कहा जाता है कि इस जगह तक्षशिला की तरह एक विश्वविद्यालय था, जिसके चार प्रवेश द्वार चारों दिशाओं में खुलते थे। लगभग 1200 वर्ष पूर्व, आदि शंकराचार्य के लिए दक्षिणी द्वार खोला गया और जब उन्होंने अपने वेदों के ज्ञान से स्थानीय विद्वानों को प्रभावित कर दिया तो उन्हें महाप्रतिष्ठित सर्व-ज्ञान-पीठ पर आसीन किया गया। क्या यह वास्तव में हुआ था? हम निश्चित रूप से नहीं कह सकते, क्योंकि कोई स्पष्ट प्रमाण नहीं है। शंकराचार्य जी का अधिकतर जीवन रहस्य के आवरण में लिपटा हुआ है। शारदा पीठ के खंडहरों के आसपास किसी विश्वविद्यालय के खंडहर भी नहीं मिलते जैसे तक्षशिला और नालंदा के आसपास दिखाई देते हैं।

*माँ शारदा*

आदि शंकराचार्य की कश्मीर यात्रा से अनेक प्रसंग जुड़े हैं। कहते हैं, एक रात उन्हें कड़ी सर्दी और भूख का सामना करना पड़ा क्योंकि उनके मेज़बान ने उन्हें भोजन, लकड़ी और पानी तो दिया परंतु अग्नि नहीं दी। अगले दिन, गृहिणी उनके सामने आई और लकड़ी पर थोड़ा सा पानी छिड़क दिया। लकड़ी धू-धू कर जल उठी। इस तरह महान विद्वान को लगा कि अभी वे सब कुछ नहीं जानते थे। क्या वह स्त्री देवी का रूप थी? आदि शंकराचार्य को ऐसा ही लगा और उन्होंने देवी की स्तुति में पद्य रचे जैसे *सौंदर्य लहरी* और *शारदा भूज्ञान स्तोत्रम*। उन्होंने उसमें देवी के कर्ण फूलों का वर्णन किया है; संभवतः यह कश्मीरी स्त्रियों के कानों में पहने जाने वाले देझूर की बात की गई हो - यह एक अष्टकोणीय यंत्र है जो कान से धागे से लटकते हुए कंधों पर लटकता है, विवाह के समय माँ की ओर से पुत्री को दिया जाने वाला अनूठा आभूषण।

*आदि शंकराचार्य अपने शिष्यों के साथ*

एक अन्य प्रसंग में, आदि शंकराचार्य ने तर्क दिया कि वह मूर्ति देवी का प्रतिनिधित्व करती है परंतु उनका प्रतिरूप नहीं है, तभी अचानक उस प्रतिमा के सिर से रक्त बहने लगा। जब आदि शंकराचार्य ने अपने कपड़े का टुकड़ा फाड़ कर, मूर्ति के सिर पर बाँधा, तभी वह रक्तस्राव रुका। यही कश्मीरी स्त्रियों द्वारा सिर ढंकने के लिए पहना जाने वाला पारंपरिक वस्त्र तरंग बना।

आदि शंकराचार्य से पूर्व, लगभग 1400 वर्ष पहले, उस मंदिर/विश्वविद्यालय में प्रसिद्ध बौद्ध विद्वान ह्वेन सांग भी आया था। इसे संभवतः आरंभिक बौद्ध विद्वान जैसे नागसेन से जोड़ा गया, जो मिलिंद और कुमारजीव से संबंध रखते थे, जिनके पिता कश्मीरी और माता चीन से थीं। एक हज़ार वर्ष पूर्व, अरब इतिहासकार, अल-बेरुनी ने मंदिर और उसकी मूर्ति का वर्णन किया है, जैसे कल्हण ने अपनी ऐतिहासिक *राजतरंगिणी* में किया है जो आठ सौ वर्ष पूर्व लिखी गई। रामानुजाचार्य वेदांत पर अपना भाष्य लिखने से पूर्व इस मंदिर में पधारे थे। जैन विद्वान हेमचंद्र ने व्याकरण पर अपना ग्रंथ लिखते हुए, इस मंदिर में रखे गए ज्यामितीय ग्रंथों की सहायता ली थी।

हम नहीं जानते कि कभी शारदा की छवि कैसी रही होगी। कहते हैं कि यह लकड़ी की मूर्ति थी बाद में इसे पाषाण प्रतिमा में बदला गया जो उस शारदा प्रतिमा से मिलती थी जिसे आदि शंकराचार्य कर्नाटक, शृंगेरी में लाए थे। इस प्रतिमा में, देवी के चार हाथ हैं; उन्होंने अपने हाथों में एक तोता (पार्वती का प्रतीक), एक कलश (लक्ष्मी का प्रतीक), एक पुस्तक (सरस्वती का प्रतीक) पकड़ी हुई है और चौथा हाथ ऐसी मुद्रा में है जो ज्ञान के रूपांतरण का संकेत देता है। संभवतः हम शारदा से यही महानतम ज्ञान पाने की आशा रख सकते हैं कि हम वर्तमान और भविष्य की शांति को भंग किए बिना अतीत की हिंसा को भी सराह सकें।

# 5

# इस्लामी युग
## (आठ सौ वर्षों से)

जब भारत में, बौद्ध धर्म का स्थान, मंदिरों पर आधारित हिंदू धर्म ने लिया, जिसे गुप्त राजाओं का संरक्षण प्राप्त था। तब अफ़गानिस्तान में बौद्ध धर्म का स्थान जरथुस्त्र धर्म ने लिया, एक प्राचीन ईरानी धर्म, जिसे सासानी राजाओं ने पुनर्जीवित किया। जब अग्नि उपासक सासानियों और रोमनों (जिन्होंने कुछ समय पहले ही ईसाई धर्म को अपनाया था) के बीच युद्ध हो रहे थे, तब छठी सदी में अरब में एक नए धर्म का उदय हुआ : इस्लाम, जो चाहता था कि अनुयायी एक सच्चे ईश्वर, अल्लाह के लिए स्वयं को समर्पित कर दे, जिसका संदेश उनके अंतिम पैगंबर मुहम्मद लाए थे। इसने अरब प्रायद्वीप के युद्धरत कबीलों को एक किया और तेज़ी से फैला। इसने सासानियों, जरथुस्त्र धर्म को पीछे छोड़ते हुए, सारे फ़ारस को दबा दिया।

भारत अरब व्यापारियों के साथ तटीय इलाक़ों में व्यापार के कारण इस नए धर्म के संपर्क में आया। हमें भारत के गुजरात, कर्नाटक, केरल और तमिलनाडु में ऐसे अनेक मुसलमान संप्रदाय मिलते हैं, जो अपना मूल, इन आरंभिक मुसलमान समुद्री यात्रियों से जोड़ते हैं जिन्होंने मानसूनी हवाओं को वश में करना सीखा था और जो भारतीय मसाले और कपड़े ख़रीदने के लिए अपने साथ रोमन सोना लाए थे। दरअसल, कहते हैं कि दुनिया की आरंभिक मस्जिदों में से एक, केरल में स्थित है और यह मान्यता है कि इसे मुहम्मद के जीवनकाल में, चौदह सौ वर्ष पूर्व निर्मित किया गया। उससे लगभग दो सौ वर्ष पूर्व, केरल ने पहला यहूदी उपासनागृह देखा, जिसे यहूदी व्यापारियों ने बनवाया था। उससे तीन सौ वर्ष पूर्व, रोम में ईसाई धर्म के पहुँचने से भी पहले, पहला गिरजा बन चुका था। ये सभी व्यापार, समावेश और सहिष्णुता की संस्कृति का प्रमाण देते हैं। सभी का स्वागत किया जाता था

बशर्ते वे जाति, कबीलों की तरह, पेशे के आधार पर काम करने वाले समुदायों की व्यवस्था का आदर करें और उनके साथ रोटी और बेटी नहीं बाँटें।

फिर, आठ सौ वर्ष पूर्व, मध्य एशियाई लड़ाकू कबीले, उन्हीं दिनों इस्लाम धर्म को अपनाने के बाद, उत्तरपश्चिम की ओर से आए और भारत पर धावा बोल दिया। वे यूनानियों, फ़ारसवासियों, शक जन, पार्थवासियों, कुषाणों या हूणों की तरह नहीं थे, ये कबीले स्थानीय संस्कृति के बीच नहीं रचे-बसे। उन्होंने अपनी संस्कृति को स्थापित किया, अनेक स्थानीय मंदिरों को नष्ट किया, पुरानी राजकीय व्यवस्था बदल दी और बहुत ही नाटकीय रूप से भारत के सांस्कृतिक ताने-बाने को बदल दिया। वे दक्षिण में मदुरई तथा पूर्व में पुरी तक जा पहुँचे। उन्होंने दिल्ली, दक्कन में गुलबर्ग और बंगाल में सल्तनत की स्थापना की। धीरे-धीरे इन राज्यों का स्थान मुगल साम्राज्य ने ले लिया, जिसने कहीं अधिक मेलजोल की नीति अपनाई, उनके अधिकतर दरबारी हिंदू मूल के थे।

तब तक, हिंदू शब्द बाहरी लोगों द्वारा भारतवर्ष के बारे में बात करने के लिए किया जाता था। परंतु इस काल में 'हिंदू धर्म' शब्द का प्रयोग, विदेशी भूमि से आए 'तुर्क धर्म' की स्थानीय जीवन शैली को अलग करने के लिए किया जाने लगा।

# 19

## उदवाड़ा :
## अग्नि के देवता

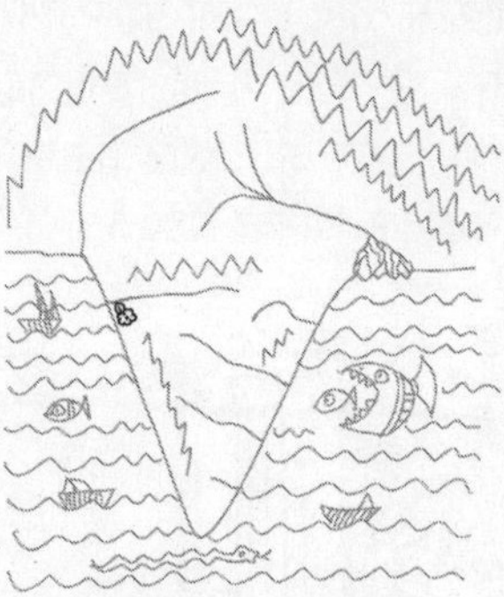

किसी पारसी अग्यारी (अग्नि मंदिर को गुजराती में कहा जाता है) के प्रवेश द्वार पर विशालकाय पंखों वाले बैल देखे जा सकते हैं जिनमें मनुष्यों के सिर लगे हुए होते हैं, इन्हें स्थानीय भाषा में गोधा कहते हैं। विद्वान इन्हें लामासू के नाम से जानते हैं, ये वे मिथकीय बैल हैं, जो प्राचीन सुमेरिया, असीरिया, बेबीलोन, फ़ारस और मैसोपोटामिया के तीर्थों तथा महलों के संरक्षक हुआ करते थे। वर्तमान में, मुंबई तथा गुजरात के कुछ हिस्सों में, ये आज भी एक जीवित धर्म का अंग हैं : जरथुस्त्र धर्म, जिसे पारसियों ने जीवित रखा, जिनके पूर्वज लगभग एक हज़ार वर्ष पूर्व ईरान (प्राचीन फ़ारस या पारस) से भारत आए थे। मैं सदा अग्यारी में प्रवेश करके देखना चाहता था कि अंदर क्या होता है, पवित्र अग्नि को कैसे जला कर रखते हैं और कैसे उसका पूजन किया जाता है। परंतु मैं ऐसा नहीं कर सका। केवल पारसियों को ही अग्यारी के भीतर जाने की अनुमति है। कोई व्यक्ति पारसी धर्म में जन्म लेकर पारसी होता है, कोई पारसी हो नहीं सकता।

क्या पारसियों ने अपने धर्म में प्रवेश पर रोक लगाई? क्या उन्होंने हिंदुओं से, सबके बहिष्कार की मान्यता को ग्रहण किया, जिन्होंने उन्हें शरण

दी थी? क्या यह रिवाज मूलतः ईरान में उनके धर्म का अंग था? दसवीं सदी के पहलवी भाषा के ग्रंथ में *बुन-दाहिशन* नामक जरथुस्त्र सृष्टिशास्त्र दिया गया है, इसमें समाज के चतुर्वर्ण विभाजन की बात की गई जिसमें पुजारी, योद्धा, कृषक व कलाकार शामिल हैं। यह वैदिक चतुर्वर्ण व्यवस्था से मिलता है, जो जाति व्यवस्था का आधार है।

इससे कहीं अधिक प्राचीन अवेस्ता का स्वरूप भी भारतीय वेदों के समान है। दोनों ही आज से चार हज़ार वर्ष पूर्व रचे गए, जिससे विद्वानों ने निष्कर्ष निकाला है कि ये एक ही 'आर्य' वृक्ष की दो शाखाएँ हैं। यहाँ 'आर्य' शब्द का संबंध किसी जाति या वंश से नहीं अपितु एक भाषाविद् समूह से है, यह यूरोपीय-अमेरिकी विद्वानों के बीच गहरे वाद-विवाद का विषय है, जिनका कहना है कि यह भाषा मध्य एशिया से पूर्व (भारतीय-ईरानी शाखा) और पश्चिम (यूरोपीय) की ओर फैली है। जबकि भारतीय विद्वानों का मानना है कि भारतीय-यूरोपीय वृक्ष की जड़ें पूरी तरह से भारत में ही जमी हुई हैं, इसमें पूर्व गंगा के मैदानी इलाक़े तथा पश्चिम यूरोप और ईरान है। इस मामले में, पांडित्य प्रायः शैक्षिक कम और राजनीतिक अधिक होता है।

*जरथुस्त्र अग्यारी*

भारतीय और ईरानी शाखा के बीच का अंतर एकदम भिन्न है। भारतीय शाखा ने देवों को भगवान के रूप में देखा जबकि ईरानी शाखा में देवों को असुरों के रूप में देखा गया जिन्हें पुराणों में राक्षस अथवा देवों के शत्रुओं के

रूप में देखा गया है, इसने ही अहुरा शब्द को जन्म दिया, जिसे पारसी धर्म में दिव्य माना जाता है। ईश्वर को अहुरा मज्दा कहा जाता है। भारतीय शाखा बहुदेववादी और इसके साथ ही एकेश्वरवादी है, अनेक देवता, एक देवता के विभिन्न स्वरूपों में हैं, जबकि ईरानी शाखा पूरी तरह से एकेश्वरवादी है, जहाँ अनेक उपदेवता तथा देवदूत ईश्वर की सेवा करते हैं। ईरानी शाखा में, पैगंबर ज़रथुस्त्र और एक शैतान अंगरा मन्यु, स्वर्ग और नरक व कयामत के दिन की बात की जाती है। इन विचारों ने ही अंततः यहूदी, ईसाई तथा इस्लामी धर्मों को अवगत किया और अब अब्राहिमी पौराणिकता के अनिवार्य अंग हैं। इस तरह ज़रथुस्त्रवाद उन प्रारंभिक स्रोतों में से एक है, जिन्हें हम पश्चिमी सांसारिक दृष्टिकोण कहते हैं। पारसी धर्म में ईश्वर को कोई आकार नहीं दिया गया। पिछली सदियों में दिव्यता का प्रतिनिधित्व आकाश, सितारों, सूर्य, चंद्र, जल व अग्नि के माध्यम से होता था - दूसरे शब्दों में, तत्त्व। परंतु लगभग दो हज़ार वर्ष पूर्व, उसी समय के दौरान, जब भारत इष्ट देवी-देवताओं के पाषाण मंदिर निर्माण और उनमें मूर्ति स्थापना का साक्षी रहा, जरथुस्त्र धर्म के अनुयायी भी अग्यारी यानी अग्नि उपासना मंदिर बनवाने लगे।

अकमेनिड राजाओं ने ज़रथुस्त्र धर्म को संरक्षण दिया, जो यवनों और पार्थ राजाओं से लड़े, जिन्होंने रोमनों से युद्ध किया, रोमन सासानी राजाओं से लड़े और सासानी राजाओं ने बैज़न्टाइन या पूर्वी रोमन साम्राज्य से लड़ाई की। इसके बाद, लगभग तेरह सौ वर्ष पूर्व, अरब में इस्लाम का उदय हुआ। पैगंबर मुहम्मद को आख़िरी पैगंबर घोषित किया गया, जो सच्चे धर्म को सामने लाए और उसे सारी मलिनता से मुक्त कर दिया। उनके अनुयायियों ने फ़ारस पर हमला करते हुए, पुराने साम्राज्य को च्युत किया और उसके स्थान पर प्राचीन धर्म की स्थापना की गई। ईरान के यज्द में, एक पहाड़ी गुफा, पीर-ए-सब्ज़ है, जहाँ आख़िरी ज़रथुस्त्र राजा की पुत्री ने शरण ली थी। यह जगह ईरानी भाषा में चक चक कहलाती है, यह नाम गुफा में बहने वाले झरने के कारण दिया गया है। यह स्थान अनुर्वर भूमि के मध्य में है और इस जगह पर पहाड़ी झरने को देख कर यही माना जाता है कि यह उस पहाड़ के अश्रु हैं जो वह आलीशान युग के शोक में बहाता है।

आठवीं सदी में, शरणार्थियों का एक दल, ईरान से निकल कर गुजरात के तट पर पहुँचा और वहाँ आश्रय लिया। स्थानीय राजा ने उनसे भेंट के

दौरान, दूध से लबालब भरे पात्र में एक पत्थर उछाल दिया। ज्यों ही दूध बाहर बहने लगा, तो राजा ने संकेत दिया कि उनके पास सबको रखने के लिए स्थान का अभाव था। परंतु शरणार्थियों के नेता ने उसी दूध के पात्र में थोड़ी चीनी मिला दी। दूध पात्र से बाहर नहीं आया और पहले से मीठा हो गया। राजा मुस्कराया और शरणार्थियों को राज्य में रहने की अनुमति प्रदान की। शर्त केवल यही थी कि वे जाति के नियमों का पालन करते हुए, दूसरे समुदायों के साथ ना तो बेटियाँ लेंगे और ना ही देंगे। इस रिवाज को मानने का अर्थ यह है कि वर्तमान में, अगर कोई पारसी किसी गैर-पारसी युवक अथवा युवती से विवाह करता है, तो वह जोड़ा फिर अग्यारी में प्रवेश नहीं कर सकता। घटती हुई पारसी जनसंख्या को ध्यान में रखते हुए, निष्कासन का यह रिवाज, उदारवादी और कट्टर पारसियों के बीच विवाद का विषय रहा है। वर्तमान में, पूरी दुनिया में लगभग एक लाख पारसी होंगे।

जाति के नियमों का अर्थ यह भी था कि जो लोग धर्म में जन्मे हैं, केवल वही मंदिर में प्रवेश कर सकते थे, जैसे कई हिंदू मंदिरों में भी होता है। अगर आप अग्यारी के भीतर का दृश्य देखना चाहते हैं तो आपको यज्द, ईरान जाना होगा, जहाँ एक काँच की दीवार के परे से आप पवित्र अग्नि को देख सकते हैं, जिसे 1934 में बनवाया गया। इसके लिए भारतीय पारसियों की ओर से भेजी गई दानराशि को धन्यवाद दे सकते हैं। यह अग्यारी ईरान में पिछले पंद्रह सौ वर्षों से पवित्र अग्नि को जला कर रखे हुए है।

जरथुस्त्र धर्म में अग्नि केंद्र बिंदु है, जो पवित्रता और जीवन का प्रतीक है। अग्नि के तीन स्तर होते हैं, जो इस बात पर निर्भर करते हैं कि उसे जलाने के लिए कितने पुजारी शामिल हैं, अनुष्ठान के दौरान कितने मंत्रों का जाप होता है, प्रतिष्ठापन की अवधि, तथा अग्नि का स्रोत। इनमें से सबसे अधिक पवित्र, विजयी अग्नि अर्थात आतश बेहराम है, जिसे अग्नि के सोलह स्रोतों का प्रयोग करके जलाया जाता है, इनमें प्रकाश, भट्टी तथा अनुष्ठानिक अग्नि शामिल है। इसमें बत्तीस पुजारी शामिल

*ज़रथुश्त्र संरक्षक आत्मा*

होते हैं और यह अनुष्ठान लगभग एक वर्ष तक चलता है। वर्तमान में, केवल नौ आतश बहराम हैं, जिनमें से एक ईरान में तथा शेष भारत में हैं।

पहली आतश बहराम अग्यारी भारत में, संजण में बनाई गई थी, जो भारत में पारसियों का पहला घर कहलाती है। इसे महान अग्नि की भस्म पर रखा गया (कहते हैं कि वह सृष्टि के समय उत्पन्न हुई) जो प्राचीन ईरान में जली थी। इसे ईरान शाह के नाम से जाना जाता है, यह उन राजाओं की स्मृति में है जो कभी इन अग्नियों के संरक्षक हुआ करते थे। इस अग्नि को तेरहवीं सदी में, सुलतान महमूद के हमलों के बाद हटाना पड़ा और अंततः इन्हें गुजरात के उदवाड़ा में अपना स्थान मिला। मुंबई में चार आतश बहराम अग्यारी हैं, ये सभी अठारहवीं और उन्नीसवीं सदी में पारसी समुदाय के नेताओं द्वारा बनवाई गईं, जिन्होंने पुर्तगाली और अंग्रेज़ व्यापारियों के साथ साझेदारी की और स्वयं सफल व्यापारियों के रूप में सामने आए। उन्होंने मुंबई (तब बंबई या गुड बे के नाम से जानी जाती थी) को वाणिज्यिक केंद्र बनाने में अहम भूमिका निभाई।

एक गैर-पारसी होने के नाते, मैंने पारसी बच्चों के नवजोत यज्ञोपवीत और पारसी विवाह लग्न में, बहुत स्वादिष्ट भोजों का आनंद उठाया है। परंतु जैसा कि मैंने कहा, मैंने कभी अग्यारी में क़दम नहीं रखा और मैं सदा यह जानने को उत्सुक रहता हूँ कि वहाँ क्या और कैसे होता है। मैंने सुना है : अग्यारी में प्रवेश से पूर्व पारसी अपने हाथ और चेहरा अच्छी तरह धोकर टोपी या स्कार्फ़ से अपना सिर ढँकते हैं, फिर वे कुछ ख़ास मंत्र पढ़ते हुए अपने पवित्र जनेऊ, कुश्ती को बाँधते हैं, वे बचपन में ही इन मंत्रों को याद कर चुके हैं। पारसी हिंदू और मुसलमानों की तरह पवित्र स्थल पर अपने जूते-चप्पल नहीं उतारते, ताकि उनके पैरों का सीधा स्पर्श धरती से नहीं हो। धरती से प्रत्यक्ष संपर्क होने से कुश्ती का नियम भंग होता है। केवल मध्य कक्ष में जा कर जूते उतारे जाते हैं, जहाँ कालीन बिछा होने से पैरों का धरती से प्रत्यक्ष संपर्क नहीं होता। इस कक्ष में मंत्रों का पाठ होता है, पवित्र अग्नि के आगे माथा टेका जाता है और वे दिन के समय के अनुसार निश्चित दिशाओं में मुख करते हुए प्रार्थना करते हैं। इस दौरान यह ध्यान रखा जाता है पवित्र अग्नि की ओर उनकी पीठ नहीं हो। यहाँ माथे पर लगाने के लिए भस्म दी जाती है परंतु उसे अग्यारी से बाहर निकलने से पूर्व

*जरथुस्त्र धर्म की पवित्र अग्नि*

पोंछ दिया जाता है। इस जगह एक ताक होती है जहाँ चंदन की लकड़ी रख सकते हैं, उसे बाद में पुजारी उठा लेते हैं। सबसे अंदर वाले कक्ष में पवित्र अग्नि प्रज्ज्वलित रहती है, वह सबकी पहुँच से परे है, केवल दिन-रात उसकी सँभाल करने वाले पुजारी ही भीतर जा सकते हैं। वे उस दौरान गेह मंत्रों का जाप करते हैं, जो दिन के पाँच विभाजनों के सूचक हैं।

जब भी मैं अग्यारी के आगे से निकलता हूँ तो मेरा ध्यान पंखों वाले देवदूत की ओर चला जाता है जिसे फरोहर कहते हैं। यह प्रायः प्रवेश द्वार के ऊपर मेहराब पर बना रहता है। इसे प्राचीन मिस्र के पंखयुक्त रशिममंडल से लिया गया है जो न्याय और व्यवस्था से संबंध रखता है, ये संसार के प्रारंभिक रूपों में से थे जिन्होंने संरक्षक देवदूत और दैवीय कृपा का प्रतिनिधित्व किया, इनकी बहुत अधिक आवश्यकता है क्योंकि भारत बहुत भारी बौद्धिक, आर्थिक तथा राजनीतिक उथल-पुथल से गुज़रता है।

# 20

## श्रीरंगम : एक मुस्लिम पत्नी

चेन्नई से छह घंटे की यात्रा के बाद, कावेरी नदी पर बना पुल पार करते ही आप श्रीरंगम आ जाते हैं, यह उन तीन नदी द्वीपों में से है, जिनमें रंगनाथस्वामी विराजते हैं, जो लेटी हुई मुद्रा में, नारायण कहलाते हैं। अन्य दो द्वीप, कर्नाटक में श्रीरंगपट्टन और शिवनासमुद्र हैं। सात प्रकारों, ऊँची प्राचीरों और भव्य प्रवेशद्वारों (गोपुरम) के बीच स्थित तीर्थ में स्वर्ण विमान है। जिसमें स्थानीय रूप से रंगनाथ कहे जाने वाले नारायण, पाँच फन वाले आदिशेष पर लेटी हुई मुद्रा में विराजमान हैं।

जब देवता ने मुझे दर्शन दिए, तो मैंने देखा कि काली पाषाण प्रतिमा चमक रही थी, उन्होंने हाथ और पैरों में सुवर्ण पहना हुआ था परंतु उनकी सज्जा के लिए कोई पुष्प नहीं थे। जब कारण पूछा तो पंडित ने बताया, "वे कुछ दिन से वाहन पर सवार होकर नगर यात्रा पर थे, इसलिए उनकी क्लांत देह को विश्राम देने के लिए तेल मालिश की गई है।" हिंदू मंदिरों, विशेष रूप से विष्णु के मंदिरों में, भगवान का एक मनुष्य अथवा राजा के रूप में रूपांतरण प्रायः देखा जाता है। हमने पुरी, ओड़िशा, नाथद्वारा और राजस्थान में भी ऐसा देखा था।

*श्रीरंगम मंदिर*

पारंपरिक रूप से, मंदिर में इष्ट का मुख पूर्व की ओर होता है। परंतु रंगनाथ दक्षिण की ओर मुख किए हुए हैं। क्यों? यह मूर्ति अयोध्या के राजा राम, के पारिवारिक इष्ट की थी। उन्होंने उसे लंका के राजा विभीषण को उपहार में दे दिया। विभीषण को इसे अपने साथ घर ले जाना था, परंतु वे श्रीरंगम में ठहरे और उसे धरती पर रख दिया क्योंकि वे उसे आगे उठा कर नहीं ले जा पा रहे थे। मूर्ति टस से मस नहीं हो रही थी, जब विभीषण ने प्रभु से आग्रह किया, तो रंगनाथ दक्षिण की ओर मुख करने के लिए मान गए, ताकि वहीं से विभीषण और उनकी लंकावासी प्रजा को अपना आशीर्वाद दे सकें। राम ने कभी अपनी पत्नी सीता को मुक्त करवाने के लिए लंका वालों से युद्ध किया था। उनका भूतपूर्व राजा रावण, राम की पत्नी सीता को हर ले गया था। वह विभीषण का बड़ा भाई था। परंतु युद्ध के बाद और सीता को मुक्त करवाने के बाद, कोई शत्रुता नहीं रही। दरअसल, युद्ध के दौरान भी कोई बैर नहीं था। जब रंगनाथ उस व्यक्ति को दंडित कर रहे थे जिसने उन्हें उनकी प्रिया से विलग किया था, तब भी उनका स्नेह कम नहीं हुआ था।

श्रीरंगम, एक सौ आठ दिव्यदेसमों में सबसे पहले है। ये विष्णु मंदिर श्री वैष्णव संप्रदाय के हैं, जो ब्राह्मणों का संप्रदाय है, इनके प्रथम आचार्य आदरणीय नाथमुनि थे। रामानुजाचार्य ने लगभग नौ सौ वर्ष पूर्व इस संस्था को स्थापित किया था। रामानुज अपनी बौद्धिक क्षमता व बल के लिए जाने जाते थे (उन्होंने वेदांत का संबंध भक्ति से जोड़ा)। उनके प्रशासनिक कौशल

भी अद्‌भुत थे, उन्होंने मंदिर में प्रशासन के लिए नियम और रीति-रिवाज बनाए। यह संप्रदाय आज भी फल-फूल रहा है। यह मंदिर लाखों श्रद्धालुओं को अपनी ओर खींचता है जो उनकी बुद्धिमत्ता का प्रमाण है।

श्री वैष्णववाद में भी अन्य संप्रदायों की तरह विभाजन और राजनीति हैं, परंतु बाहरी व्यक्तियों का इससे कोई लेन-देन नहीं है, यह अनुयायियों के बीच आवेश का कारण है। उत्तरी वड्डकलई, अपने माथे पर यू के आकार का तिलक धारण करते हैं और उनका कहना है कि भक्त को भगवान से इस तरह चिपके रहना चाहिए जैसे बंदर का बच्चा अपनी माँ से चिपका रहता है। उत्तर के तेन्नकलई उनका विरोध करते हैं और अपने माथे पर वाई के आकार का तिलक धारण करते हैं। उनकी मान्यता है कि एक भक्त को आश्वस्त रहना चाहिए कि ईश्वर निश्चित रूप से उसका सहाय होगा जैसे बिल्ली अपने बच्चों की रक्षा करती है।

दोनों ही दल रामानुज को पूजते हैं, जिनके लिए मंदिर प्रांगण में ही एक मंदिर बनाया गया है। उसमें उसी जगह पर संत की प्रतिमा लगाई गई है जहाँ उनकी नश्वर देह के अवशेषों को गाड़ा गया था। यह किसी मंदिर प्रांगण के लिए असाधारण बात है। कुछ लोगों का मानना है कि उनकी प्रतिमा ही वास्तव में उनकी नश्वर देह है जिसे चंदन और केसर से बने एक विशेष लेप से संरक्षित किया गया है।

एक किंवदंती के अनुसार, मलिक काफूर नामक मुसलमान लुटेरे ने मंदिर पर हमला कर, उसे लूटा और रंगनाथ जी की उत्सव मूर्ति उठा ले गया। इसके साथ ही वह मंदिर से सारे रत्न और जवाहरात भी अपने साथ दिल्ली ले गया।

*रंगनाथस्वामी*

यदि काफूर की बेटी सुरतनी को मूर्ति से लगाव नहीं हुआ होता और उसने उसे अपने लिए नहीं माँगा होता तो मूर्ति को पिघला कर धातु में बदल दिया जाता। तमिलनाडु

से कुछ नाचने गाने वालों के एक दल ने अपने प्रदर्शन से सुलतान को प्रसन्न कर दिया और अपने पुरस्कार के रूप में उनसे वह मूर्ति माँग ली। मलिक काफूर ने झट से उन्हें वह पुरस्कार दे दिया। शायद वह भी अपनी बेटी की मूर्ति से अतिरिक्त लगाव को पसंद नहीं करता था।

प्रदर्शनकर्ता छिपे हुए वेश में पंडित ही थे जो अपने इष्ट को लेकर मंदिर लौट आए। राजकुमारी के लिए, वह मूर्ति उसकी प्रिय थी। वह उसके रूप से प्रेम करने लगी थी। उसने दिल्ली छोड़ा और लंबी यात्रा करते हुए श्रीरंगम आ पहुँची और मंदिर की सीढ़ियों पर ही दम तोड़ दिया। एक स्वप्न में श्रीरंगनाथ ने अपने पंडों से कहा कि वे मुसलमान राजकुमारी के सम्मान में एक मंदिर बनवाएँ। उसका नाम बीबी तुलुका नचियार रखा गया अर्थात मुसलमान वधू। मंदिर प्रांगण में उसके निमित्त बने मंदिर में उसका एक चित्र लगाया गया। प्रतिवर्ष बहुत ही आदर और धूमधाम से रंगनाथ से उसका विवाह संपन्न करवाया जाता है।

इस कथा को क्या कहेंगे; इतिहास (वस्तुनिष्ठ सत्य), अथवा मिथ (व्यक्तिनिष्ठ सत्य), कपोल कल्पना (किसी का सत्य नहीं), अथवा किंवदंती (किन्हीं ऐतिहासिक सत्यों पर अस्पष्ट रूप से आधारित)? यदि हम चाहें तो इस पर सदैव विमर्श कर सकते हैं। परंतु आप इसकी भावना देखें : जो कुछ हिंसा से आरंभ हुआ था (एक मुसलमान राजा की ओर से हिंदू मंदिर को लूटना), वह प्रेम पर आ कर समाप्त हुआ (एक हिंदू इष्ट का मुसलमान युवती से विवाह)। यही तो हिंदू धर्म को अनूठा बनाता है। भीतर से (उग्र सुधारवादी, विशुद्धतावादी, मुसलमानों से घृणा करने वाले हिंदू) और बाहर से (उग्र सुधारवादी, विशुद्धतावादी, हिंदुओं से घृणा करने वाले मुसलमान) से घोर विरोध के बावजूद वैकल्पिक विचारों को अपनाने और उनका समावेश करने की योग्यता। रंगनाथ मुस्कराते हुए सभी पक्षों का संतुलन साधते हैं और वे प्रतिदिन मक्खन और चीनी के साथ रोटी का नाश्ता करते हैं, *इसके बाद* वही भोजन उनकी मुस्लिम वधू को परोसा जाता है। मंदिर गाथाओं में रोटी को मुस्लिम भोजन माना जाता है। पारंपरिक रूप से, दक्षिण भारत में, विष्णु को केवल चावल का भोग लगाया जाता है। वे कई बार अपनी वधू की प्रसन्नता के लिए पारंपरिक हिंदू धोती के स्थान पर मुस्लिम शैली की लुंगी भी पहनते हैं।

श्री वैष्णव तीर्थ स्थलों में, तमिल भक्ति काव्य को बहुत प्रश्रय दिया जाता है - अलवर के नाम से जाने गए स्थानीय संत-कवियों ने वैदिक श्लोकों के आधार पर चार हज़ार *दिव्य प्रबंधमों* की रचना की। मंदिर परंपरा में, संस्कृत ग्रंथों पर स्थानीय काव्य को प्राथमिकता दी जाती रही है, क्योंकि स्थानीय स्तोत्र आमजन को दिव्य से जोड़ते हैं और हृदय को भाव-विभोर कर देते हैं। इससे अंतर नहीं पड़ता कि वह संस्कृत है अथवा तमिल, प्राचीन है अथवा मध्यकालीन, वैदिक है अथवा भक्तिकालीन, अयोध्या है अथवा लंका, वड्डकलई हो अथवा तेन्नकलई, हिंदू हो अथवा मुसलमान; सभी रंगनाथ जी से प्रवाहित असीम स्नेह धारा में प्रवाहित हैं जिनके नाम का अर्थ है - 'रंग-बिरंगे मंच के स्वामी, जिसे हम सभी जीवन कहते हैं।'

*रामानुजाचार्य*

# 21

## लखनऊ :
## वफ़ादारों का जमावड़ा

लखनऊ का बड़ा इमामबाड़ा इसलिए बड़ा कहलाता है क्योंकि इसके पास ही एक छोटा इमामबाड़ा स्थित है, जो कहीं अधिक अलंकृत है और अंग्रेज़ घुमक्कड़ों ने इसे 'रोशनियों का महल' के नाम से नवाज़ा। बड़े इमामबाड़े को यह बात ख़ास बनाती है कि इसे असफ़-उद-दौला ने कैसे तैयार करवाया, जो अठारहवीं सदी में लखनऊ के निज़ाम वजीर थे। वास्तुकार को चुनने के लिए प्रतिस्पर्धा रखी गई। इसे बनवाने का प्रयोजन यही था कि एक भयंकर अकाल के समय में, नगरवासियों के लिए रोज़गार का प्रबंध हो सके। प्रति दिन, किसान ईंटें चिनते, और हर रात, संभ्रात वर्ग उन ईंटों को हटा देते, इस तरह भवन निर्माण की प्रक्रिया को विलंबित किया गया ताकि सबको उचित भुगतान मिलता रहे।

यह इमारत अपनी भूलभुलैया के लिए जानी जाती है, इसमें एक जैसे दिखने वाले चार सौ दरवाज़े हैं, जिन्हें किसी प्रयोजनवश नहीं बनाया गया, दलदली भूमि पर बने इस विशाल कक्ष को सहारा देने के लिए गलियारों और दीवारों के निर्माण की आवश्यकता थी। इस ढाँचे में कोई शहतीर या मजबूती के लिए लोहा नहीं लगाया गया। यह भारत में यूरोपीय वास्तुकला तत्त्वों के परिचय से पूर्व बनने वाली अंतिम मुगल संरचनाओं में से है।

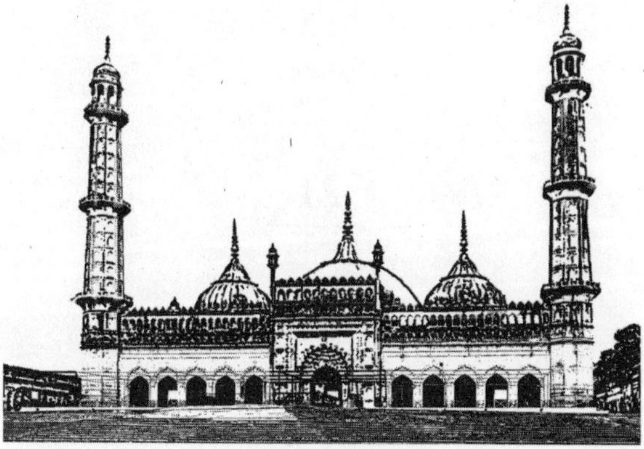

*बड़ा इमामबाड़ा*

इमामबाड़ा को हुसैनिया अथवा अशुरखाना भी कहते हैं। यह जगह अनिवार्य रूप से, अज़ादारी के लिए मिलने की जगह है। यहाँ पैगंबर मुहम्मद के पोते इमाम हुसैन और उनके बहत्तर अनुयायियों की शहादत की याद में शोक मनाया जाता है। उन्हें सातवीं सदी में कर्बला के युद्ध में बेहद निर्ममता से मार दिया गया था। यह शोक केवल शिया मुसलमान मनाते हैं। यही वजह है कि इमामबाड़ा आम मस्जिदों से अलग है, जहाँ मक्का की ओर मुख करके, दिन में पाँच बार नमाज़ अदा की जाती है। इस्लाम को मानने वाले हर इंसान के लिए ऐसा करना जरूरी है। इमामबाड़ा और मस्जिद, दोनों ही दरगाहों से अलग हैं, जहाँ किसी इमाम या रहस्यमयी सूफ़ी संप्रदाय के संत का मक़बरा होता है।

बड़ा इमामबाड़ा के कक्ष के भीतर बनी सीढ़ियाँ इमाम के बैठने के सबसे ऊँचे स्थान तक जाती हैं। आसपास धातु से बने विशेष झंडे (आलम) लगे हैं जिन्हें कभी ख़ास लोगों द्वारा उठाया जाता था। इनमें बहादुर अब्बास का नाम भी शामिल है, जिनकी बाजुएँ याजिद की सेनाओं ने काट दी थीं। इस जगह शहीदों के ताबूतों और मकबरों की प्रतिकृतियाँ भी देखी जा सकती हैं। इस जगह आने वाले अपने साथ मालाएँ लाकर चढ़ाते हैं, इसे देसी हिंदू संस्कृति का प्रभाव भी माना जा सकता है: हालांकि इसे हिंदू रीति से अलग करने के लिए, गुलाब और चमेली के फूलों को वरीयता दी जाती है, गेंदे के फूल चढ़ाना मना है।

चौदह सौ वर्ष पूर्व, पैगंबर के जाने के बाद, शिया और सुन्नी के बीच विभाजन हुआ, उनकी असहमति का मामला बढ़ने लगा क्योंकि कोई भी लिखित वसीयत नहीं थी। सुन्नी मानते थे कि उनके उत्तराधिकारी को सबकी सहमति से चुना जाना चाहिए। पैगंबर के ससुर, अबू बकर उनका नेतृत्व कर रहे थे। शिया मानते थे यह चुनाव खानदानी ही होना चाहिए। पैगंबर की बेटी फ़ातिमा के पति, अली उनका नेतृत्व कर रहे थे। सुन्नी लोगों के लिए इमाम का अर्थ है, जो मस्जिद में नमाज का नेतृत्व करते हैं परंतु शिया संप्रदाय में, इमाम का पद या उपाधि, पैगंबर के परिवार के सदस्यों के लिए आरक्षित है। आज भी शिया खानदानी उत्तराधिकार को ही अहम मानते हैं। दक्षिण एशिया में, सैयद हैं, जो पैगंबर के परिवार से प्रत्यक्ष संबंध रखते हैं, वे पठानों से सर्वोच्च पद रखते हैं, इस्लाम में धर्म परिवर्तन करने वालों के लिए बोलचाल में यह शब्द प्रयुक्त होता है (इन्हें नार्थ-वेस्ट फ़्रंटियर कबीलों से जोड़ कर नहीं देखें, वे पठान इनसे अलग हैं)।

जब अली की हत्या कर दी गई और उनके बड़े बेटे हसन को ज़हर दे दिया गया तो इसके बाद हिंसा आरंभ हुई। कर्बला का युद्ध, उत्कर्ष था जिसमें हुसैन और उनके अनुयायियों को मार दिया गया, जब वे कई दिनों की घेराबंदी के बाद, अपनी प्यास बुझाने के लिए फ़रात नदी से पानी लेने जा रहे थे। इस दुखद घटना ने फ़ारसी साहित्य में गद्य और पद्य रचना को प्रेरित किया, 'शिया के आँसू', मनुष्य की निकृष्ट नृशंसताओं का हवाला देते हैं। जो लोग जीवित बचे, उन्हें दूसरे लोगों को दफ़नाने या उनके लिए शांति से शोक मनाने का भी अवसर नहीं दिया गया। परंतु हुसैन की बहन, जैनब उठ खड़ी हुईं और पूरे संप्रदाय के लिए शक्ति स्तंभ बनीं। उन्होंने सबके मन को दिलासा देते हुए, युद्ध के आतंकों का स्मरण करवाया और यह सुनिश्चित किया कि शहीदों की शहादत व्यर्थ नहीं हो। उनके शब्दों से द्रवित होकर, आम लोग भी याजिद और उसके सेनापतियों के विरोध में सड़कों पर उतर आए।

*शहीदों का ध्वज*

मुहर्रम के दसवें दिन, अशुरा को, जब यह दुखदायी घटना घटी थी, उस भयंकर दिन की याद को दोहराने के लिए घटनाओं को फिर से दिखाया जाता है। बहुत बड़े जुलूस निकाले जाते हैं। मृतकों का मातम मनाने के लिए अनुयायी छाती पीटते हैं, उनकी शहादत को याद करते हुए स्वयं को जंज़ीरों से मारते हैं। इस दिन उन शहीदों की याद में पानी पिलाया जाता है जिन्होंने प्यासे ही दम तोड़ दिया। कागज़ों से बने बड़े-बड़े ताबूत और ताज़ियों के साथ आलमों को निकट ही कहीं झील, नदी या समुद्र में डुबो दिया जाता है। दक्षिण एशिया में नवाबों और सुलतानों के संरक्षण में मुहर्रम मनाने का चलन बढ़ा और प्रवासियों के माध्यम से इंडोनेशिया में भी फैला। संभवतः इस पर, देवी-देवताओं के जल विसर्जन की हिंदू रीति का भी प्रभाव रहा हो।

मानवविज्ञानियों का मानना है कि सुन्नी संप्रदाय ने अरब आदर्शों को अपनाया, इसके साथ ही कबीलाई नेताओं को चुनने के लिए सर्वसम्मति को महत्त्व दिया गया, जबकि शिया संप्रदाय ने फ़ारसी आदर्शों को अपनाया, उन्होंने राजवंशीय शासन को वरीयता दी। शिया इस्लाम प्राचीन फ़ारस से जुड़े क्षेत्र में लोकप्रिय था जिसमें आधुनिक ईरान और इराक शामिल हैं। कई शिया मुसलमान दिल्ली के सुलतानों के दरबारों में रोज़गार पाने के लिए आए, इनमें महान मुगल भी शामिल थे। इस तरह फ़ारसी, मध्ययुगीन काल में भारत की राजभाषा बन गई, इसके साथ ही संस्कृत प्रचलन में थी जो भारत की प्राचीन राजभाषा थी।

इस विभाजन ने अब एक डरावना मोड़ ले लिया है, वैश्विक मंच पर इस्लाम के बहुत अधिक नैतिकतावादी संस्करणों का उदय हुआ है। नतीजतन, दरगाहों पर जाने जैसे शिया अभ्यासों पर आपत्ति प्रकट की जाने लगी है। प्रार्थना और ईश्वर के लिए नमाज़ और ख़ुदा जैसे फ़ारसी शब्दों के प्रयोग पर भी असहजता जताई जाती है। कई लोग अरबी शब्दों के प्रयोग को प्राथमिकता दे रहे हैं, जैसे सलात, और अल्लाह। मध्य पूर्व में आईएसआईएस है जो ईमान नहीं लाने वाले काफ़िरों और शियाओं को मिटा कर, सारी दुनिया में इस्लाम का अपना संकीर्ण नज़रिया फैलाना चाहते हैं।

हुसैनी ब्राह्मणों की एक जाति है, वे ऐसे हिंदू हैं जिन्होंने कर्बला में अली का साथ दिया था, वे भी मुहर्रम का शोक मनाते हैं।

पारंपरिक रूप से, शहादत को यादगार बनाना हिंदू आस्था में रिवाज नहीं है, जहाँ मृत्यु को अशुभ, अपवित्र और अस्थायी माना जाता है। हालाँकि, शहादत इक्कीसवीं सदी के राष्ट्रवाद का महत्त्वपूर्ण विषय बन गई है, जो वैश्विक विचारधारा पर शिया के संप्रदाय के गहरे प्रभाव की सूचक है।

# 22

# अमृतसर :
# अमृत के सरोवर में

कोई व्यक्ति अमृतसर क्यों जाता है? एकता अथवा विभाजन देखने?

यह विभाजन भारत-पाक वाघा बॉर्डर के रूप में प्रकट होता है, जहाँ सगे भाइयों की राष्ट्रवादी शत्रुता का भव्य प्रदर्शन होता है। वह विभाजन जलियाँवाले बाग में, 1919 में अंग्रेज़ सेना द्वारा किए गए जनसंहार में प्रकट होता है, जो अब एक पर्यटन स्थल बन गया है। यह विभाजन 1984 के, ऑपरेशन ब्लू स्टार से प्रकट होता है, जब भारतीय सेना स्वर्ण मंदिर के अहाते में धड़धड़ाते हुए प्रवेश कर गई थी। यह विभाजन, सिक्ख गुरुद्वारा अधिनियम 1925 के बनने के बाद से, स्वर्ण मंदिर प्रांगण के प्रशासकों, शिरोमणि गुरुद्वारा प्रबंधक कमेटी (एसजीपीसी) की अधिकारवादी शैली के विरुद्ध असहजता में प्रकट होता है। जिन्होंने उदासी पंथ के साधुओं को एक ओर कर दिया जो कभी सिक्ख शिक्षाओं के रखवाले थे। यह विभाजन मीरी-पीरी में प्रकट होता है, सिक्खों के समुदाय, खालसा नेतृत्व के पद, अकाल तख़्त के रूप में; मीरी और पीरी का अलगाव, जो हरमंदिर साहिब के रूप में है, यह स्वर्ण मंदिर का औपचारिक नाम है। यह कृत्रिम झील के मध्य में स्थित है, माना जाता है कि यह सरोवर अमृत से भरा हुआ है।

*हरमंदिर साहिब अथवा स्वर्ण मंदिर*

इसके पश्चात एकता या मेल की बात आती है : जब आप सरोवर में डुबकी लगाते हैं, और गुरुद्वारे (गुरु की ओर जाने का प्रवेश मार्ग) में प्रवेश करते हैं; जब आप गुरु ग्रंथ साहिब को माथा टेकते हैं (पवित्र गुरु ग्रंथ); जब आप भक्ति और सूफ़ी परंपराओं से गुरुओं, संतों, और पीरों के वचन और शब्द सुनते हैं, जो गुरु ग्रंथ साहिब में वर्णित हैं; जब आप सबके साथ मिल कर भोजन करते हैं (लंगर); जब आप जप करते हुए प्रार्थना करते हैं (सिमरन); जब आप सेवा करते हैं, और भोजन पकाते हैं, परोसते हैं, साफ़-सफ़ाई करते हैं और दूसरों को धर्म, जाति, वर्ग, राष्ट्रीयता, वंश, लिंग अथवा लैंगिकता के भेद से परे, पूरी विनम्रता और दया के साथ सारे काम करते देखते हैं। यहाँ मनुष्य उस परमात्मा, दैवीय संभावना से जुड़े हैं : सभी सीमाओं का विलय होता है और यही कारण है कि पदानुक्रम, वर्चस्व और सत्ता के संघर्ष नहीं रहते; जब भय नहीं रहता तो कुछ भी अधीनस्थ करने की इच्छा नहीं रहती।

यह विचार, सिक्ख परंपरा के मूल मंत्र में बसा है जो कहता है कि परमात्मा एक है, उसी का नाम सत्य, वही सारी सृष्टि का कर्ता है। वह बैर और घृणा से मुक्त है। वह काल से रहित और जन्म-मरण के बंधन से मुक्त है क्योंकि वह स्वयं अपनी सत्ता से प्रकाशित है। उसका वास्तविक स्वरूप गुरु की कृपा से ही प्रकट होता है। आज से पाँच सौ वर्ष पूर्व, सिक्खों के प्रथम गुरु, गुरु नानक जी ने मूल मंत्र की रचना की थी।

सिक्ख धर्म दो प्रमुख धर्मों : हिंदू धर्म और इस्लाम धर्म के मुहाने पर, भौगोलिक, ऐतिहासिक और मनोवैज्ञानिक रूप से उदय हुआ। इस पर दोनों का ही प्रभाव स्पष्ट तौर पर देखा जा सकता है। उदाहरण के लिए, हरमंदिर नाम, 'हरि का मंदिर' शब्द से लिया गया है, हरि शब्द, हिंदू देवता विष्णु की उपाधि है, परंतु जब इसे सिक्ख धर्म में प्रयुक्त किया गया तो इसे किसी भी तरह के संप्रदायवादी संकेतार्थों से मुक्त कर दिया गया। रसोईघर विशुद्ध रूप से शाकाहारी हैं। सिक्ख धर्म, हिंदू धर्म की तरह नहीं है, यह पूरी स्पष्टतः परिभाषित पवित्र ग्रंथ द्वारा पूरी तरह से व्यवस्थित है, जहाँ वाणियों में प्रभु को निराकार और निर्गुण कहा गया है। यह एक ऐसे संसार को निमंत्रण देता है जिसमें कोई शोषण नहीं है। दसवें गुरु, गुरु गोविंद सिंह ने आदि ग्रंथ को, गुरु ग्रंथ साहिब यानी अंतिम गुरु घोषित किया, उन्होंने आज से तीन सौ वर्ष पूर्व इस धर्म को औपचारिक रूप दिया था।

*गुरु नानक*

गुरु ग्रंथ साहिब को एक तख़्त पर रख कर, रूमाल से ढँका जाता है और चँवर झुलाया जाता है। प्राचीन भारत में, चँवर केवल राजाओं के लिए झुलाया जाता था। मंदिरों में, यह अधिकार प्रभु राम के लिए आरक्षित है, जिन्हें विष्णु का राजसी अवतार माना जाता है। आज से दो सौ वर्ष पूर्व, हरमंदिर साहिब को सोने से मढ़ने वाले, रणजीत सिंह भी एक सिक्ख राजा थे, उन्होंने चँवर झुलाने का यह सम्मान लेने से इंकार कर दिया ताकि सिक्खों को स्मरण रहे कि संपूर्ण और परम शक्ति गुरु ग्रंथ साहिब के पास है, जिनके लिए चँवर डुलाने के सम्मान को सदा के लिए आरक्षित कर दिया गया।

आरंभ से ही, सिक्ख पंथ के गुरु समाज को बाँटने वाले विभाजनों का अंत करना चाहते थे, इनमें धर्म का विभाजन, जाति का विभाजन, वर्ग का विभाजन और लिंग का विभाजन शामिल था। खान-पान की शैली में ही

इनमें से अधिकतर विभाजन प्रकट होते हैं। हिंदू मुसलमानों के साथ भोजन नहीं करते, ब्राह्मण दलितों के भोजन का स्पर्श नहीं करते, घर में पहले पुरुष भोजन करेंगे और फिर स्त्री भोजन करती है। लंगर में प्रतीकात्मक रूप से इन सभी सीमाओं तथा पदानुक्रमों का विलय कर दिया गया है : सभी भोजन पकाते और परोसते हैं, और एक साथ खाते हैं। इस प्रकार 'भोग' का हिंदू रिवाज, ऐसे सिक्ख रिवाज में बदल गया है जो समानता को स्थापित करता है। निःसंदेह कर्मठ कार्यकर्ता भारत और विदेश के आधुनिक सिक्ख गुरुद्वारों में तेज़ी से उभर रहे जाति के विभाजनों की ओर संकेत करते हैं, जहाँ जाट सिक्खों और दलित सिक्खों के बीच गहरे विभाजन दिखाई देने लगे हैं।

सिक्ख धर्म निरंतर संन्यासी के जीवन की अपेक्षा गृहस्थ जीवन पर बल देता आया है। विवाह और परिवार समाज की आधारशिला के रूप में देखे जाते थे। पवित्र ग्रंथ में भले ही महिला संतों की वाणी नहीं है परंतु इसने पाँच सदी पहले भी, लिंग की समानता की बात कही। यदि सिक्ख धर्म को अपनाने वाले पुरुष सिंह कहलाए, तो स्त्रियों को कौर कहा गया, इस तरह उन्हें उनकी एक पहचान मिली जो उनके पति या पिता की पहचान से नहीं जुड़ी थी। महिलाओं ने सिक्ख धर्म में एक महत्त्वपूर्ण भूमिका निभाई। उदाहरण के लिए, माई भागो की कथा ही लें, वे अठारहवीं सदी में हुईं, उन्होंने सेना के चालीस भगोड़ों का हृदय परिवर्तन करते हुए, उन्हें मुगल सेना के ख़िलाफ़ आत्मघाती अभियान पर भेजा जो गुरु गोविंद सिंह का पीछा कर रही थी। वे चालीस सिपाही आगे चल कर प्रसिद्ध हुए क्योंकि वे चालीस मुक्त पुरुष यानी 'चाली मुक्ते' कहलाए।

*गुरु ग्रंथ साहिब*

गुरु ग्रंथ साहिब में समलैंगिकता और लैंगिकता से जुड़े मामलों पर कुछ नहीं कहा गया। किसी तरह के

दिशा निर्देशों के अभाव में, कोई व्यक्ति यह विचार कर सकता है कि सिक्ख धर्म इस विषय में क्या दिशा लेगा। क्या यह 'बी-40' नामक जन्मसाखी से प्रभावित है (गुरु नानक जी की यात्राओं और जीवन पर मौखिक रूप से संप्रेषित प्रसंग) जो हमें इस बारे में सूचित करती है और इसके साथ ही गुरु नानक का एक लघु चित्र भी दिखाती है, जिसमें वे बगदाद के सूफ़ी संत शेख़ सराफ़ परवस्त्रधारण रति के साथ दिव्यता की प्रकृति पर चर्चा में लीन हैं? अथवा यह हिंदू, इस्लामी और यहाँ तक कि ईसाई और बौद्ध उग्र सुधारवादियों के समूहों के चलन का अनुसरण करेगा, जिन्होंने कट्टर मूल्यों को विशुद्ध व मौलिक कहते हुए, ग्लैमरयुक्त कर दिया है? हो सकता है, उपमहाद्वीप का आयु में सबसे छोटा धर्म, सिक्ख धर्म, जिसने सदा सीमाओं, विभाजनों और पूर्वाग्रहों को चुनौती दी है; वह इक्कीसवीं सदी में कहीं अधिक समानतावादी तरीक़े से पेश आ सकता है।

# 6

# भक्ति युग
# (सात सौ वर्षों से)

कभी भारतीय राजाओं की राजभाषा रही संस्कृत ने, फ़ारसी के लिए स्थान बनाया, जो मुस्लिम जगत में संभ्रांत मुसलमानों की भाषा थी, हालाँकि अरबी भी इस्लामी प्रभाव से ही सामने आई।

इस्लाम के शामिल होने से, पाठ्य में बहुत वृद्धि हुई - काग़ज़ (काज़ज, फ़ारसी) और कलम (कलम, फ़ारसी में) तक। भारत में मुसलमान राजाओं के आगमन के बाद प्रांतीय भाषाओं के साहित्य में भी वृद्धि दिखाई देती है। रामायण और महाभारत तेलुगु, उड़िया, असमी, हिंदी, कन्नड़ और गुजराती भाषा में रचे गए। गीता का अनुवाद मराठी में हुआ। मंदिरों को नियंत्रित रखने वाली प्राचीन ब्राह्मण व्यवस्था को सड़कों पर भटकते हुए प्रभु का गुणगान करने वाले भक्तों ने चुनौती दी और अब उन्हें मंदिरों की आवश्यकता नहीं रही।

भक्ति का यह विचार दो हज़ार वर्ष पुराना है और संस्कृत भगवद् गीता में देखा जा सकता है। परंतु इसकी लोकप्रियता तब बढ़ी, जब तमिल संत कवियों, नयनार और अलवार, शिव और विष्णु की स्तुति में तमिल पद्य रचने लगे, जो लगभग पंद्रह सौ वर्ष पुरानी घटना है। उनके कार्य को स्थानीय राजाओं ने संरक्षण दिया, जो स्थानीय मंदिरों के भी संरक्षक थे। यह सब अरब राज्यों में इस्लाम में उदय के पूर्व हुआ। कोई सोच सकता है कि क्या ये विचार समुद्री व्यापारियों के माध्यम से अरब देशों में भी पहुँचे।

अनेक हिंदू दार्शनिकों ने भक्ति के विचार को अंगीकार किया, जिनमें रामानुज से लेकर माधव और वल्लभाचार्य से लेकर रामानंद तक शामिल थे। परवर्ती आचार्य इन विचारों को उत्तर में ले गए, इस तरह हमें पाँच सौ वर्ष पूर्व, भारत में एक नई आध्यात्मिक तरंग का प्रसार मिलता है जो प्रेम और काव्य पर आधारित थी। हमें राम और कृष्ण के ऐसे भक्ति गीत मिलते हैं

जिन्हें विरह भाव में रचा गया। संन्यासी-गृहस्थ अब स्वयं संन्यासी बनना चाहते थे, परंतु वे संसार को त्याग कर नहीं बल्कि प्रभु के साथ एकात्म होकर यह पद पाना चाहते थे।

इस काल में हमें इस्लाम की कथा भी मिलती है, जिसे स्थानीय भाषाओं में भारतीय रूपकों के साथ लिखा गया; *सिरा पुराणम* तमिल में और *नबी बंस* बंगाली में मिलती है। सूफ़ियों ने इस्लाम का प्रचार किया और भक्ति ने हिंदू धर्म को नया जीवन प्रदान किया। कुछ हिंदुओं के लिए ईश्वर साकार था और कुछ ने इसे निराकार जाना। हिंदू धर्म का काम और उर्वर पक्ष, भक्ति संगीत तले दब गया। कृष्ण की पूजा की जाती थी परंतु राधा और रुक्मिणी की अनुपस्थिति सुस्पष्ट थी। योद्धा कहलाने वाले देवता तेज़ी से आश्रमवासी होने लगे। तांत्रिक देवियों को उपेक्षित किया जाने लगा। मुगल दरबारों में, कला के नए रूपों को संरक्षण मिला और मिनिएचर पेंटिंग्स में पौराणिक गाथाओं को पुनः जीवित किया गया। ईश्वर के विचार का प्रसार करने के लिए थियेटर और नृत्य कला की मदद ली गई। भावों ने बुद्धि और अनुष्ठान को अपने अधीन कर लिया।

# 23

# जेजुरी :
# हल्दी वर्षा

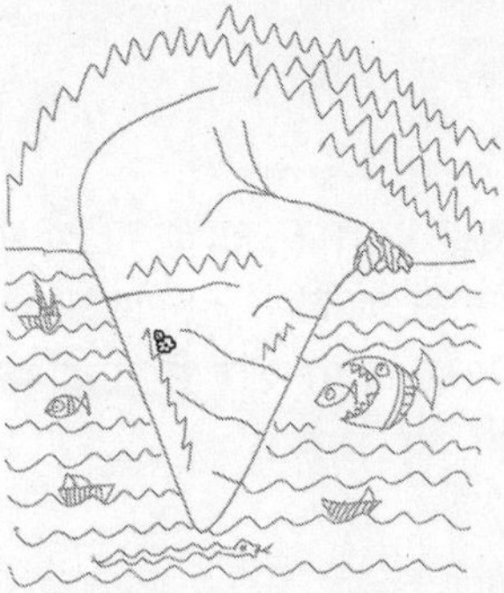

पहाड़ी पर स्थित यह तीर्थ स्थल, दिखने में किसी किले जैसा दिखाई देता है, जब तक आप शीर्ष पर मंदिर जैसे ढाँचे और सीढ़ियों के किनारे दीपमाला नहीं देखते। जेजुरी पुणे से लगभग पचास किलोमीटर की दूरी पर स्थित है यह खंडोबा का प्रमुख आराधना स्थल है जिन्हें मल्हारी मार्तंड, योद्धाओं, कृषकों, चरवाहों तथा महाराष्ट्र तथा दक्खन क्षेत्र के पंडित परिवारों के इष्ट देव के रूप में भी जाना जाता है।

खंडोबा शिव का मराठा प्रतिरूप हैं हालाँकि उनकी पहचान कार्तिकेय (एक पहाड़ी पर अपनी पत्नियों सहित खड़े हैं) और विष्णु (अश्व और तलवार लिए हुए, कल्कि के समान) तथा सूर्य (पीली हल्दी तथा मार्तंड नाम) के रूप में की जाती है। आंध्र के इलाक़ों में, वे मल्लिकार्जुन तथा कर्नाटक में मल्लाणा कहलाते हैं। जैनी उनका संबंध अपने मल्लीनाथ से जोड़ते हैं। दक्खन के इलाक़े में एक लंबा इतिहास रखने वाले मुसलमान उन्हें मल्लू खान के रूप में जानते हैं। इन सब बातों से उनके वृहद स्थानीय आधार का परिचय मिलता है।

*जेजुरी का मंदिर*

अधिकतर अंग्रेज़ी-भाषी जगत में, जेजुरी को सभी भारत के अग्रणी कवियों में से एक अरुण कोलटकर की पुस्तक के माध्यम से जानते हैं (एनवाईआरबी क्लासिक्स द्वारा प्रकाशित) जिसे 1977 में कॉमनवेल्थ पुरस्कार से सम्मानित किया गया। वे इस तीर्थ स्थल का वर्णन करते हुए कहते हैं :

*क्या है ईश्वर*
*क्या है पाषाण*
*यदि है कोई विभाजक रेखा*
*तो जेजुरी में वह बहुत क्षीण है*
*और हर पाषाण देवता अथवा*
*उनका बंधु है।*

उनकी पंक्तियों में वह हिंदू योग्यता छिपी है जो किसी भी विचार को आकार का रूप दे सकती है, देवता को पाषाण, नदी अथवा मूर्ति में प्रकट करते हुए अमूर्त का प्रतिनिधित्व करती है। जब आप भक्तों को हवा में हल्दी उछाल कर (इसे स्थानीय रूप से 'भंडारा' कहते हैं) सीढ़ियों से जाते हुए

देखते हैं, तो आपको अहसास होता है कि आपने एक ऐसे चौराहे में प्रवेश किया है जिसे हिंदू धर्म की शास्त्रीय (मार्गी) और स्थानीय (देसी) परंपराओं के रूप में जाना जाता है। मार्गी अमूर्त है, वह सीमाओं से नहीं बँधा; परंपरा की जड़ें धरती, इसके लोगों और संस्कृति में समाई हैं।

कला में, खंडोबा की कल्पना एक श्वेत अश्व पर सवार के रूप में की गई है, जो अपनी तलवार उठाए हुए हैं, यहीं से उन्हें खंडोबा (बा, अर्थात पिता) या खंडेराव (राव अर्थात नेता या राजा) नाम मिला। वे मराठा शैली में पगड़ी पहनते हैं और चेहरे पर भव्य दाढ़ी और मूँछ है। कई बार उनके दैवीय स्वरूप को प्रतिष्ठित करने के लिए उनके चार हाथ दिखाए जाते हैं, उनके दो हाथों में त्रिशूल और डमरू दिखा कर उनका संबंध शिव से जोड़ा जाता है। वे ध्यानी शिव नहीं बल्कि योद्धा शिव हैं जैसे वीरभद्र अथवा भैरव। वे राक्षसों से लड़ते हुए पाए जाते हैं - मणि और मल्ल। उनके साथ अश्व पर उनकी पटरानी म्हालसा रहती है और एक श्वान भी साथ होता है।

एक अश्व पर सवार योद्धा और उसके साथ एक श्वान, यह छवि आप भारत के अनेक भागों में देख सकते हैं। तमिलनाडु में, हमें अभिभावक देव की विशाल प्रतिमाएँ देखने को मिलती हैं, जिन्हें टैराकोटा से बने अश्व चढ़ाए जाते हैं। अश्वों का संबंध भारत से नहीं है और उन्हें निरंतर उत्तर पश्चिमी इलाक़ों से आयात किया जाता था। अश्व पर सवार योद्धाओं को यवन, हूण, गुज्जर और पठानों के रूप में पहचाना जाता है। यह भी ध्यान में रखना चाहिए कि हिंदू श्रेष्ठतावादी इस विचार भर से रुष्ट हो जाते हैं कि हिंदू धर्म पर कोई विदेशी प्रभाव है, परंतु इतिहासकारों को, उत्तर पश्चिम से आने वाले योद्धाओं का प्रभाव स्पष्टतः दिखाई देता है।

*संघर्षरत खंडोबा का चित्र*

वैदिक गाथाओं में श्वान को अपवित्र माना गया है और इसका संबंध मलिनता से जोड़ा जाता है परंतु

इसका संबंध सदा शिव से, उनके भैरव रूप में रहा, जो तांत्रिक कला में महत्त्वपूर्ण भूमिका निभाता है। इससे खंडोबा की पूजा की स्वाभाविक प्रकृति का परिचय मिलता है।

विविध स्थानीय समुदायों से खंडोबा की अनेक पत्नियाँ हैं। इनमें से म्हालसा सबसे पहले आती हैं, जो प्रायः उनके अश्व पर सवार होकर युद्ध में जाती हैं। इसके अतिरिक्त बनई हैं। उनकी पत्नियाँ जुलाहों, दर्जियों, अश्वों के पालकों और सिपाहियों की पुत्रियाँ हैं। कुछ लोगों की मान्यता है कि ये स्थानीय ग्रामदेवियाँ हैं, जो इस शक्तिशाली अभिभावक देव से संबंध रखती हैं। संभवतः ये एक रीति-रिवाज संबंधी जाल की ओर संकेत करते हुए, एक स्थानीय राजवंश का प्रतिचित्रण करती हैं, जिसने युद्ध के स्थान पर, विवाहों के माध्यम से विविध ग्रामों और समुदायों को एक करते हुए, अपने राज्य का विस्तार किया। अन्य व्यक्तियों का मानना है कि इसका संबंध उस रिवाज से हो सकता है जहाँ इष्ट को पुत्र और पुत्रियाँ अर्पित कर दिए जाते थे जो अंत में नर्तकियाँ (मुरली) और भाट (वाघ्या) बन कर, खंडोबा का स्तुतिगान करते और बाद में क्रमशः उनकी उपपत्नियों और श्वानों के रूप में जाने गए। ब्राह्मणवादी ग्रंथों में, म्हालसा को पार्वती और बनई को गंगा के रूप में देखा गया है, वे शिव की दो पत्नियाँ हैं जो प्रायः आपस में लड़ती रहती हैं, हिंदू भगवानों के गृहस्थ जीवन की कथाओं में यह विषय आमतौर पर पाया जाता है।

मंदिर में, हमें खंडोबा के दो शत्रु मिलते हैं, मणि और मल्ल। जिनके साथ अलग-अलग तरीक़े से पेश आया गया। मणि को सीधा खड़ा दिखाया गया है, जब उसे अधीन बना कर वरदान दिया गया तो उसने बकरी का मांस और मानवता के लिए प्रसन्नता चाही। मल्ल उस धरती पर खड़ा है, जिस पर भक्त खड़े होते हैं क्योंकि जब उसे अधीन करने के बाद वरदान दिया गया तो उसने अपने लिए मनुष्य का मांस और सारी मानवता के लिए अप्रसन्नता चाही।

मंदिर लगभग एक हज़ार वर्ष प्राचीन है, परंतु पिछले सात सौ वर्षों में मराठी भाषा के उदय के साथ ही इसकी लोकप्रियता में वृद्धि हुई। यद्यपि महा पुराणों में जेजुरी के देवता का वर्णन नहीं मिलता, उन्हें स्थल पुराणों में स्थान दिया गया है जैसे *मल्हार माहात्म्य* तथा *मार्तंड विजय*। इन्हें स्थानीय

पंडितों ने मराठी व संस्कृत में लगभग पाँच सौ वर्ष पूर्व रचा था। ये स्थानीय ग्रंथ संस्कृतीकरण की प्रक्रिया को प्रकट करते हैं - किस प्रकार एक लोक देवता का संप्रदाय धीरे-धीरे ब्राह्मणवादी हिंदू अधिसमुच्चय में समाहित हो गया। वे पिशाची भक्ति (प्रेतों की भक्ति) के विषय में बताते हैं जिसमें देवता की ओर से आधिपत्य तथा राक्षसी भक्ति (राक्षसों की भक्ति) शामिल है। इनमें रक्त बलि तथा आत्म-पीड़न को भी शामिल किया जाता है जैसे हुक पर लटकना, अंगारों पर चलना या स्वयं को कोड़े मार कर कष्ट देना और अंततः सात्विक भक्ति (विशुद्ध की भक्ति) आती हैं जिसमें पान के पत्ते, मेवे तथा हल्दी शामिल हैं।

*खंडोबा और उनकी पत्नियाँ*

# 24

# नाथद्वारा : हवेली में देवता

जब से अंग्रेज़ भारत में आए, तब से हिंदू धर्म को सजातीय रूप में प्रकट करने की भयंकर आवश्यकता अनुभव की जा रही थी। उदाहरण के लिए कृष्ण को ही लें। विद्वान उन्हें एकल देवता के रूप में लेना चाहते थे, जिनकी कथा *भागवत पुराण* नामक ग्रंथ में स्पष्ट रूप से उसी तरह कही गई है जिस तरह, बाइबल के न्यू टेस्टामेंट में जीसस या फिर हदीस में पैगंबर मुहम्मद की कथा कही गई है। परंतु कृष्ण को इस ग्रंथ की दृष्टि से कभी पूरी तरह नहीं समझा जा सकता क्योंकि कृष्ण अनुभव उन अनुष्ठानों और त्योहारों में भी बसा है जो मंदिर संस्कृति का अंग रहे हैं और जिसे पंडितों, मंदिरों के सेवकों और भक्तों ने मौखिक परंपरा से ही प्रेषित किया। इस प्रकार, आप असम, ओड़िशा, केरल या राजस्थान के कृष्ण मंदिर में या गंगा के मैदानी इलाक़ों में स्थित कृष्ण मंदिरों में जो अनुभव पाएँगे, हो सकता है कि वह शास्त्रों से मेल नहीं खाता हो। हिंदू के लिए सत्य केवल वही रहेगा, जिसे वह अनुभव से जानेगा, शास्त्रों से नहीं।

मेरे लिए, मंदिर स्थापत्य और ललित कलाओं के केंद्र रहे हैं। इन कला रूपों के माध्यम से, जिनमें संगीत, भोजन, वस्त्र विन्यास, चित्रकला, काव्य, नृत्य कला आदि सब सम्मिलित हैं, प्रत्येक भाव को दैवीय अनुभव के लिए व्यक्त किया जाता है। प्रत्येक मंदिर का अपना ही आकर्षण है। पंढरपुर

*नाथद्वारा की हवेली*

में विट्ठल के रूप में जिस कृष्ण अनुभव को वारकरियों के संगीतमयी ताल के साथ प्रस्तुत किया जाता है, वह ओड़िशा, पुरी के जगन्नाथ के रंगीन रथों के कृष्ण अनुभव से पूरी तरह से अलग है।

जब हम राजस्थान, उदयपुर के निकट नाथद्वारा में श्रीनाथ जी के घर में जाएँ तो इसी बात को ध्यान में रखना उल्लेखनीय है। कृपया ध्यान दें, मैंने मंदिर नहीं, घर शब्द का प्रयोग किया, इस जगह इष्ट देवता को 'मंदिर' में नहीं, एक 'हवेली' में प्रतिष्ठित किया गया है। किसी हिंदू मंदिर की तरह इस जगह आपको कोई शिखर और कलश नहीं मिलेंगे। क्यों? इस प्रश्न का उत्तर मंदिर के इतिहास में छिपा है।

सबसे पहले, इस मूर्ति का पूजन मथुरा के निकट, ब्रज भूमि में गोवर्द्धन पहाड़ पर होता था, यह पवित्र भूमि कृष्ण के बालपन की कथाओं से गूँजती है। सोलहवीं सदी में, प्रतिमा की केवल ऊपर उठी हुई बाँह ही दिखाई देती थी और यह माना जाता था कि वह नाग देवता है। वेदांत के विद्वान वल्लभाचार्य, कृष्णदेवराय के दरबार से थे। जब वे तीर्थयात्रा पर आए तो उन्होंने स्पष्ट किया कि वह नागदेवता नहीं, बल्कि इष्ट देवता की ऊपर उठी हुई बाँह थी। उन्होंने प्रतिमा के आसपास की मिट्टी को हटाया और पूरी मूर्ति सामने आ गई। भगवान की आँखें बहुत सुंदर नाव के आकार में थीं और उन्होंने अपनी ऊपर उठाई हुई बाँह पर गोवर्द्धन पर्वत को उठाया हुआ था, ताकि आकाश और वर्षा के वैदिक देवता, इंद्र के प्रकोप से होने वाली मूसलाधार वर्षा से गोकुलवासियों की रक्षा की जा सके।

भक्तों का मानना है कि यह सात वर्षीय कृष्ण का स्वयंभू स्वरूप है यानी इसे किसी ने नहीं रचा, यह उनकी अपनी छवि है। वल्लभाचार्य ने इस छवि को गोपाल का नाम दिया, वल्लभाचार्य के पुत्र, विट्ठलनाथजी (उन्हें गुसाईंजी भी कहते हैं) ने इस मूर्ति को श्रीनाथजी का नाम दिया और राग (संगीत), भोग (भोजन) वस्त्र (कपड़े) और श्रृंगार (सजावट) पर आधारित पूजन का विस्तृत ढाँचा तैयार किया। इस प्रकार इष्ट, संसार को अपना समर्थन देने वाले देवता के रूप में प्रतिष्ठित हुए। यही पुष्टि मार्ग का सार है,

जो संसार की सुख-सुविधाओं को प्रभु की कृपा के प्रसाद के रूप में देखता है और अपने प्रभु के साथ उनका आनंद उठाता है।

सत्रहवीं सदी तक, गंगा के मैदानी इलाक़ों में ही देवता का पूजन होता रहा और फिर इन्हें एक बैलगाड़ी पर सवार कर, राजस्थान के एक इलाक़े में ले जाया गया ताकि मूर्तिभंजक मुगल बादशाह औरंगज़ेब के अत्याचारों से इसे बचाया जा सके। आधुनिक ऐतिहासिक विद्वान, जैसे रिचर्ड एम.एटन, भारत के मुसलमान राजाओं की मूर्तिभंजन गतिविधियों और हमलों के बारे में चर्चा नहीं करना चाहते और दावा करते हैं कि यह सब विचारधारा संबंधी नहीं बल्कि राजनीतिक कारणों से हुआ, परंतु भारत की लोकगाथाओं और मंदिर की श्रुति परंपराओं से आए प्रसंगों में उन दिनों की यादें अब भी जीवित हैं। देवता को ले जाने वाली बैलगाड़ी नाथद्वारा में दलदल में फँस गई और वही जगह, प्रभु का द्वार कहलाई।

वे लोग किसी का ध्यानाकर्षण नहीं चाहते थे इसलिए कोई मंदिर नहीं बनवाया गया। देवता को एक हवेली में प्रतिष्ठित कर दिया गया। हवेली में घर की तरह ही अलग-अलग कक्ष होते हैं जैसे बैठक, रसोई-घर, फूल-घर, दूध-घर, मिश्री-घर, पान-घर, गहना-घर, ख़र्चा-भंडार, घोड़ों का अस्तबल और गौशाला, गौशाला में बँधी गायों के गले में घंटियाँ और भक्त उन गायों को जी भर कर अपने हाथों से खिला सकते हैं। वे उस ग्राम्य जीवन के आनंद का अनुभव पा सकते हैं जिन्होंने कृष्ण के बालपन को गढ़ा।

*श्रीनाथजी*

इस मंदिर की रक्षा मेवाड़ के राजपूतों के हाथ थी और गुजराती वैष्णवों ने भी इसे संरक्षण दिया, उनमें से अनेक व्यापारी, उद्यमी और व्यवसायी थे। श्रीनाथजी दिन में बहुत कम समय के लिए भक्तों को दर्शन देते हैं। ये दर्शन झाँकी कहलाते हैं। जब दिन में आठ बार पर्दा हटाया जाता है, तो हमें श्रंगार किए हुए देवता के दर्शन होते

हैं। उनके वस्त्र दोहराए नहीं जाते इसलिए उनके पास विस्तृत वस्त्र भंडार है। उनके पास मुगल वेश और स्त्री वेश भी है। उनके वस्त्र सदा एक पृष्ठभूमि आवरण के साथ प्रस्तुत होते हैं जिसे पिच्छवी कहते हैं, वृंदावन और मधुवन के इन चित्रों में मोर, गौओं, हिरणों, वर्षा के मेघों और कमल पुष्पों को बहुत सुंदरता से दिखाया जाता है।

हवेली की ओर जाने वाली सँकरी गलियों में चाय की दुकानों पर आप लोगों को हवेली की गाथाएँ सुनाते हुए देख सकते हैं। वे आपको अपने इष्ट के भोग और वस्त्र की जानकारी देते हैं और बताते हैं कि उन्हें दिन में प्रभु ने कितनी बार दर्शन दिए। गुजराती व्यवसायी भारत और दुनिया के लगभग हर हिस्से में फैले हैं अतः आप इस जगह अंतर्राष्ट्रीय रूप देख सकते हैं। श्रीनाथजी उन सबको अपनी ओर खींच लाते हैं। आदर दर्शाने के लिए उन्हें सभी ठाकुरजी के नाम से संबोधित करते हैं, 'हवेली के स्वामी'।

मैं ऐसे समय में पहुँचा था जब दर्शन होना असंभव था। परंतु इतनी लंबी यात्रा और गौशाला में गायों को अपने हाथों खिलाने का अनुभव और आनंद पाने के बाद, हवेली तो निश्चित रूप से देखना चाहता था। तब यह जान कर मेरे आश्चर्य की सीमा नहीं रही कि देवता पिछली रात, होली के उत्सव के कारण देर रात तक जगे रहे और देर से सो कर उठे। नतीजतन वे देर से आने वाले भक्तों को भी दर्शन दे रहे थे। मैं यह सुन कर आनंदित हो गया। मंदिर परंपरा इसी प्रकार एक देवता को भी जीवित मनुष्य में रूपांतरित कर देती है, जो रात को देर तक जगते हैं और अगली सुबह किसी छोटे बच्चे की तरह देर से सो कर उठते हैं। तब देवता शास्त्रों से निकल कर एक ऐंद्रिक और भावात्मक अनुभव हो जाते हैं, वे कोई अमूर्त ज्ञान नहीं, बशर्ते यदि आप भी ललित कलाओं में हिस्सा लेने को तत्पर हों।

# 25

# पंढरपुर :
# गीत में क्रांति

पंढरपुर उस भक्ति आंदोलन का केंद्र है, जो आठ सदी पहले आरंभ हुआ और जिसने मराठा साहित्य को जन्म दिया। सदियों तक प्रति वर्ष, वर्षा ऋतु से पूर्व, वरकारी संप्रदाय के हज़ारों तीर्थयात्री, हरिपथ (हरि, कृष्ण-विष्णु का पथ) के अनुयायी, महाराष्ट्र के ग्रामीण इलाकों व कर्नाटक से लंबी यात्राएँ करते हुए पंढरपुर तक आते हैं। डिंडी कहलाने वाली यह तीर्थयात्रा वास्तव में दर्शनीय होती है। आकाश में दूर तक लहराती पताकाएँ दिखाई देती हैं, आलीशान बैलगाड़ियाँ और फूलों से सजी पालकियाँ, सफ़ेद कपड़ों में सजे पुरुष, माथे पर चंदन का लेप, गले में तुलसी दल पहने, हाथों में तानपूरे और झाँझ लिए पारंपरिक भक्ति गीत गाते हैं। उनके साथ नौ गज की रंग-बिरंगी साड़ी में सजी स्त्रियाँ सिर पर तुलसी कलश साधे चलती हैं। वे कृष्ण के लिए अपना भक्ति-भाव प्रकट करने जाते हैं, जिन्हें स्थानीय रूप से पांडुरंग विट्ठल कहते हैं। भक्तों ने संत कवियों के अनुसार ही, उन्हें विट्टा-आई कहना आरंभ कर दिया यानी माता-कृष्ण। वे मानते हैं कि कृष्ण के पास मातृवत प्रज्ञा है जो लिंग की सभी कट्टरताओं को भी लाँघ जाती है।

*विट्ठल और रखुमई*

विट्ठल शब्द की परिभाषा रहस्यमयी सी है। विष्णु या विथु का अपभ्रंश? विट शब्द पर आधारित, मराठी में ईंट के लिए इस शब्द का प्रयोग होता है, जिस पर वे खड़े हैं? या फिर वेद? यह और भी भ्रामक है कि कृष्ण वर्ण कृष्ण को पांडुरंग कहते हैं यानी गौर वर्ण वाला। परंतु वर्ण का विवरण भक्तों को परेशान नहीं करता। यह अधिक महत्त्व रखता है कि कृष्ण इस क्षेत्र में अपने एक भक्त पुंडलीक से भेंट करने आए थे जो अपने बूढ़े माता-पिता की सेवा करने में इतना मग्न था कि उसके पास मुड़ कर अपने दिव्य अतिथि का स्वागत करने का भी समय नहीं था। उसने कृष्ण की दिशा में एक ईंट खिसका दी और कहा कि जब तक वह अपने कर्तव्य पूरे कर रहा है, वे उसी पर विश्राम करें। इस तरह कृष्ण वहीं खड़े प्रतीक्षा करते रहे और आज भी प्रतीक्षा कर रहे हैं कि उनका भक्त, मुड़ कर उनकी ओर देखेगा। इस प्रकार इस सांसारिक गृहस्थ दृश्य के साथ दिव्यता, भक्तों से अपना संपर्क स्थापित करती है। रामचंद्र चिंतामन धीर की अद्भुत पुस्तक (जो अंततः अंग्रेज़ी में अनूदित हुई), *द राइज़ ऑफ फोक गॉड : विट्ठल ऑफ़ पंढरपुर* में आप इस तीर्थ के जटिल मानवविज्ञान और समाजशास्त्रीय परतों के बारे में जान सकते हैं।

पंढरपुर के विट्ठल से मेरा संपर्क, तीस और चालीस के दशक की श्वेत-श्याम मराठी फ़िल्मों से आरंभ हुआ, जिन्हें मैं अपने बचपन में दूरदर्शन पर देखता था। उनमें विभिन्न संत कवियों की कहानियाँ थीं जिनमें ध्यानेश्वर, तुकाराम, एकनाथ, सखुबाई, चोखा मेला और गोरा कुम्हार आदि शामिल थे। मुझे आज भी याद है कि वे किस तरह अलग-अलग पृष्ठभूमियों से आते थे, किसान स्त्री और पुरुष, कुम्हार, मोची और पंडित।

आज मुझे अहसास होता है कि भारत की आज़ादी के समय प्रस्तुत की गई इन फ़िल्मों में निर्माता, भक्ति का राजनीति से मेल कर रहे थे, जैसा

कि सदियों पहले भी किया गया था। वे लोग सामाजिक सुधार की बात कर रहे थे परंतु यह काम गुस्से, विरोध या हिंसा (जो कि इन दिनों का चलन हो गया है) से नहीं बल्कि स्नेह भाव से टहोका देते हुए किया गया। जो भयंकर कष्टों के बीच भी विश्वास और धीरज से उपजा था।

आप तेरहवीं सदी के संत कवि ध्यानेश्वर और उनके भाई-बहनों का उदाहरण ही लें। उनके पिता बैरागी हो गए थे परंतु उन्हें अपने गुरु के आदेश से गृहस्थ जीवन में वापस आना पड़ा क्योंकि उन्हें पता चल गया था कि ध्यानेश्वर अपनी पत्नी का त्याग करके आए थे। ब्राह्मण समाज ने संन्यासी की गृहस्थ जीवन में वापसी का स्वागत नहीं किया और उन्हें अपने समाज से बहिष्कृत कर दिया। इस तरह उनके बच्चों का पालन-पोषण ब्राह्मण समुदाय से बाहर हुआ। ध्यानेश्वर के पिता और माता से कहा गया कि उनके पास प्रायश्चित का यही उपाय है कि वे अपने प्राण दे कर पापों का अंत कर लें। ऐसा होने पर ही उनके बच्चों को ब्राह्मणों के समाज में पुनः प्रवेश मिल सकता था। माता-पिता ने अपने बच्चों की भलाई को ध्यान में रखते हुए आत्महत्या कर ली परंतु बड़े दुख से कहना पड़ता है कि इतना होने पर भी बच्चों को ब्राह्मण जाति का नहीं माना गया और वे जातिच्युत ही रहे। उनका पालन-पोषण दलित महारों के बीच हुआ? हम केवल अनुमान ही लगा सकते हैं। ऐसे बच्चों को स्वभाव से कटु और क्रोधी होना चाहिए था परंतु ऐसा नहीं था। उनके गीतों में केवल प्रेम और माता के प्रति वियोग की पीड़ा मिलती है, यही कारण है कि उन्होंने कृष्ण को अपनी माता जाना। भक्ति में ऐसी ही शक्ति होती है, जो प्रायः श्रद्धा का भाव पैदा करती है, इससे एक सामंती संवेदना जन्म लेती है, जो वास्तव में स्नेह ही है, जैसे कोई माता अपनी संतान के प्रति रखती है।

परंतु ध्यानेश्वर ने मराठी की स्थानीय भाषा में भगवद् गीता का अनुवाद या पुनः व्याख्या करते हुए एक स्नेही विद्रोही का रूप धारण किया और इस प्रकार भगवद् गीता सबके लिए सर्व सुलभ हो गई। ऐसा पहले कभी नहीं हुआ था। इस प्रकार देवताओं की भाषा, संस्कृत का स्थान, आम लोगों की बोली ने ले लिया। भावार्थ दीपिका को ध्यानेश्वरी के नाम से जाना गया। इसने भारत भर में अनेक लोगों को प्रेरित किया कि वे भारत की प्रज्ञा को स्थानीय भाषाओं में प्रसारित करें।

गीतों के माध्यम से प्रभु का संदेश साधारण जनता के बीच स्थानीय बोली में पहुँचाने का माध्यम बहुत लोकप्रिय हो गया। उन्हें अभंग कहा जाता है, ऐसे गीत जो हमारी मानवीय और दैवीय प्रकृति के बीच विकृति को ठीक करते हैं। तुकाराम ने सत्रहवीं सदी में 'वृक्ष वल्ली अमहा सोयरी' रचा, जो आज भी मेरा प्रिय है। इस अभंग में कवि कहते हैं कि जब वे निर्जन वन के एकांत में विचरते हैं, पक्षियों और पशुओं की संगति का आनंद उठाते हैं, अपने पैरों तले धरती और सिर पर आकाश का आनंद लेते हैं और कृष्ण की कथाओं से पुष्ट होते हैं तो उन्हें अनुभव होता है कि वे अपने मन से किस तरह सबसे श्रेष्ठ वार्तालाप और बुरे तर्क-वितर्क करते हैं। इस तरह, प्रभु के प्रति भक्ति आत्म-मनन और आत्म-बोध के योग्य बनाती है।

तुकाराम की कथाओं में, व्यक्ति का उनकी व्यावहारिक बुद्धि वाली पत्नी के साथ वाद-विवाद भी मिलता है जो चाहती है कि उसका पति ईश्वर की भक्ति करने के बजाए अपने भूखे बच्चों का पेट भरने के बारे में सोचे। दूसरे शब्दों में, पोटो-बा (ईश्वर का पेट) विट्ठो-बा (आत्मा के भगवान) से कहीं अधिक महत्त्वपूर्ण है। वस्तुओं के प्रति बैरागी आदर्शवादी भाव तथा गृहस्थ का वस्तुओं के प्रति व्यावहारिक भाव, ध्यानेश्वर की बहन मुक्ता-बाई द्वारा रचित गीतों में भी पाया जाता है, जो अपने भाई से आग्रह करती है कि वह अपने ध्यान-कक्ष से बाहर आ कर, ध्यान करने के बजाए खाना पकाने में सहायता करे।

*विट्ठल और रखुमई*

कथाएँ और इन पर आधारित फ़िल्में हमें बताती हैं कि ध्यानेश्वर ने समाधि ले ली थी और स्वेच्छा से प्राण त्यागे थे और तुकाराम को विष्णु स्वयं अपने साथ गरुड़ पर सवार कर, वैकुंठ ले गए थे। इसका क्या अर्थ है? इतिहासकार और तर्कवादी मानते हैं कि तुकाराम ब्राह्मणों के हाथों मारे गए और ध्यानेश्वर ने आत्महत्या का अनुष्ठान रचा, भक्त बड़ी उग्रता से इस दृष्टिकोण का विरोध करते हैं। संभवतः हम अपने

जीवन को और दुखदायी बनाने के लिए ऐसे प्रसंग नहीं चाहते। जब हमें लगता है कि समानता संभव नहीं है तो हम सभी मोक्ष चाहते हैं। कुछ लोग इसे अस्वीकृति का नाम देते हैं। कुछ इसे तीर्थ के पथ पर आगे चलने की संज्ञा देते हैं।

# 26

## बदरीनाथ :
## बेर के वृक्ष तले

बदरीनाथ और केदारनाथ उत्तराखंड के पर्वतों में स्थित दो प्रमुख तीर्थ स्थल हैं; ये सर्दियों के मौसम में बंद रहते हैं। दोनों केंद्रों का आदि शंकर से निकटतम संबंध है। ये वही विद्वान हैं जिन्होंने लगभग बारह सौ वर्ष पूर्व वैदिक ज्ञान को नवजीवन प्रदान किया आदि शंकर ने ही तीर्थ स्थलों को पहचाना और बौद्धिक हिंदू धर्म (ज्ञान मार्ग) को भावात्मक हिंदू धर्म (भक्ति मार्ग) से जोड़ा। गंगा और यमुना के पारंपरिक स्रोतों, गंगोत्री और यमुनोत्री के साथ-साथ, बदरीनाथ और केदारनाथ चोटी-चार-धाम बनाते हैं।

बड़ी-चार-धाम भी आदि शंकर ने ही स्थापित किए, जो भारत के चारों कोनों में स्थित हैं : पूर्व में, पुरी है, जहाँ विष्णु भोग लगाने के लिए जगन्नाथ का रूप धरते हैं; दक्षिण में, रामेश्वरम है, जहाँ विष्णु राम के रूप में, शिव का पूजन करते हैं; पश्चिम में द्वारका है, जहाँ विष्णु कृष्ण के रूप में अभिभावक बने हुए हैं; और उत्तर में बदरीनाथ है, जहाँ विष्णु बदरी या बेर वृक्ष तले ध्यान करते हैं, जो उनकी पत्नी लक्ष्मी का प्रतीक है।

जहाँ बदरीनाथ का संबंध विष्णु से है, वहीं केदारनाथ का संबंध शिव से है। यह संभावना है कि आदि शंकर, शिव और विष्णु के उपासकों

*विष्णु का बदरीनाथ मंदिर*

के बीच पलने वाले बैर से अच्छी तरह परिचित थे। वे दक्षिण में पले-बढ़े इसलिए उन्होंने विष्णु-पूजक अलवारों और शिव के पूजक नयनारों के गीत भी सुने होंगे। आदि शंकर जानते होंगे कि शिव एक बैरागी थे जिन्हें शक्ति ने गृहस्थ बनाया, विष्णु एक गृहस्थ हैं जिनका राम व कृष्ण के रूप में अनासक्त संपर्क उन्हें बैरागी बनाता है। आदि शंकर को यह भी ज्ञात रहा होगा कि शिव का संबंध भस्म से है, जबकि विष्णु का संबंध जल और चंदन के लेप से है। शिव के भक्त त्रिपुंड लगाते हैं और विष्णु के उपासक उर्ध्व-पुंड्र लगाते हैं। शिव को कच्चा दूध और बेल पत्र चढ़ाए जाते हैं और विष्णु को मक्खन और तुलसी दल चढ़ाया जाता है। शिव का संबंध व्याकुल गंगा से है और विष्णु का संबंध असहाय यमुना से जोड़ा जाता है। विष्णु और यमुना का मानसिक चित्रण काले रंग में तथा शिव व गंगा का श्वेत रंग में होता है। आदि शंकर ने इन वैकल्पिक और प्रतियोगी, आगम या मंदिर परंपराओं को वैदिक श्लोकों और उपनिषद की निगम परंपराओं के विचारों में सम्मिलित किया, जब उन्होंने लंबी और छोटी चार धाम यात्राओं के मार्ग तय किए।

बदरीनाथ और केदारनाथ का संबंध महाभारत महाकाव्य से जोड़ा जाता है। जब पांडवों ने कुरुक्षेत्र में युद्ध जीत लिया, तो वे पश्चाताप और अपराध बोध से भर उठे कि उन्हें अपने ही सगे-संबंधियों और सैकड़ों सिपाहियों के प्राण लेने पड़े। कृष्ण की ओर से किसी भी प्रकार का बौद्धिक स्पष्टीकरण अथवा व्यावहारिक दिलासा भी उन्हें इस भावात्मक पीड़ा से मुक्त नहीं कर सका। मन की शांति पाने के लिए पाँचों भाई और उनकी साझी पत्नी द्रौपदी, हिमालय की ओर चल दिए जहाँ से शिव की गंगा स्वर्ग से धरती पर उतरती थी। यही वह जगह थी जहाँ स्वर्गिक धारणाएँ (ज्ञान मार्ग) व्यावहारिक व्यवहारों (कर्म योग) में परिवर्तित हो जाते हैं। यहाँ उनकी भेंट

शिव जी से हुई जो एक बैल के रूप में थे, उन्होंने प्रभु से अपने भावात्मक कष्ट से मुक्ति की याचना की।

परंतु बैल बने हुए शिव भागने लगे और समाधान की तलाश में निकले पांडवों ने उनका पीछा करने की ठान ली। शिव ने छिप कर पाताल लोक में जाना चाहा, परंतु भीम ने लपक कर उनका कूबड़ पकड़ लिया और उन्हें धरती में लोप होने से रोका। बैल की पीठ का वही उभार, शिव-लिंग बना, जिसे केदारनाथ में पूजा जाता है।

फिर धरती पर धर्म की स्थापना करने के पश्चात, पांडवों ने समाज का त्याग किया और हिमालय लौट आए। वे निरंतर पर्वतों पर चढ़ते रहे ताकि इंद्र के स्वर्ग की ओर जाने का मार्ग मिल सके। मार्ग में, वे एक ऐसे स्थान पर पहुँचे, जहाँ उन्हें विष्णु एक बदरी वृक्ष यानी बेर के पेड़ तले ध्यान करते हुए मिले। वही स्थान बदरीनाथ है। यहाँ विष्णु नारायण (आदि गुरु) और नर (आदि शिष्य), दोनों का ही रूप धरते हैं, जो आगे चल कर कृष्ण और अर्जुन के रूप में प्रकट हुए।

कला में, नारायण को चार भुजाओं वाले भिक्षुक के रूप में दिखाया जाता है। नर को दो भुजाओं वाला दिखाया जाता है, वह मृग छाल पहनता है और उसका संबंध व्याघ से है। इससे पता चलता है कि नारायण एक ज्ञानी मुनि थे और नर संभवतः कोई शिकारी अथवा राजा रहा होगा, जो उनसे ज्ञान पाने की इच्छा रखता था।

उन दोनों को आपस में अलग नहीं किया जा सकता था। कुछ ऐसे प्रसंग भी मिलते हैं जहाँ बताया गया है कि वे दोनों एक राक्षस से लड़ने के लिए युद्ध में गए। उसने कवच के हज़ारों खंड पहने हुए थे। नारायण रथ के सारथी बने और नर धनुर्धर था। उन्होंने किसी तरह 999 कवच तो भेद दिए परंतु इस दौरान कल्प की अवधि (संसार का जीवनकाल) पूर्ण हो गई। वही असुर अगले कल्प के द्वापर युग में, कर्ण के रूप में

*शिव का केदारनाथ मंदिर*

पुनः जन्मा। उसका वध करने के लिए ही नारायण ने कृष्ण और नर ने अर्जुन के रूप में जन्म लिया।

एक अन्य प्रसंग में, इंद्र ने नर और नारायण का धन भंग करने के लिए कई अप्सराओं को भेजा जिससे नारायण कुपित हुए। उन्होंने क्रोध में आ कर अपनी जंघा थपथपाई और उसमें से उर्वशी (उरु से जन्मी) प्रकट हुई, जो इंद्र की सभी अप्सराओं से कहीं अधिक सुंदर थी। उर्वशी ने ही इंद्र को मोह लिया। इंद्र ने प्रसन्न होकर, दोनों ऋषियों को सताना बंद कर दिया।

महाभारत से ये प्रसंग, आदि शंकराचार्य से इनका संबंध, शिव और विष्णु की पूरक प्रकृति, गंगा और यमुना और पर्वतों व नदियों के बीच बसे तीर्थ यात्राओं के मार्ग, और भारत के चारों कोने, हिंदू धर्म की उस इच्छा को प्रकट करते हैं जो असंबद्ध को आपस में जोड़ना चाहता है। यदि असंपर्क, वियोग है तो यह संपर्क योग है। यदि वियोग से वेदना उत्पन्न होती है तो ज्ञान अथवा वेद से संपर्क अथवा योग स्थापित किया जा सकता है।

# 7

# यूरोपीय युग
# (चार सौ वर्षों से)

यूरोप के ईसाई राजा, अफ़्रीका और एशिया के मुसलमान राजाओं से घृणा करते थे। उन्होंने इस्लामी जगत के नियंत्रण में आने वाले भूमि मार्गों को उपेक्षित करते हुए, समुद्री मार्गों की खोज की। पहले पुर्तगाली, फिर डच, फिर अंग्रेज़ और फिर फ़्रांसीसी। वे व्यापारियों के रूप में आए। फिर वे स्थानीय राजाओं के लिए किराए के सैनिक बने। अंततः उन्होंने प्रशासन को अपने अधीन कर लिया और कर वसूल करने लगे। उन्होंने किसानों को मजबूर किया कि वे अफ़ीम उगाएँ ताकि उसे चीन में बेचा जा सके और यूरोप के कारख़ानों के लिए कपास की खेती करवाई गई। जब यूरोपीय औद्योगिक क्रांति हुई तो स्थानीय कारीगर तथा व्यापारी नष्ट हो गए। यदि इस्लाम के आगमन ने भारत की राजनीति को बदला, तो यूरोपीय लोगों के आगमन ने इसके आर्थिक ताने-बाने को नष्ट कर दिया।

जब ईसाई धर्म प्रचारक, अफ़्रीका और अमेरिका की तरह, भारत में भी धर्म प्रचार करने लगे, तो उन्हें एक ऐसी सभ्यता मिली, जिसकी गहरी जड़ों को उखाड़ना इतना आसान नहीं था। उन्हें बहुदेववाद की ओट में एकेश्वरवाद, पुनर्जन्म में विश्वास, चित्रों में प्रदर्शित जटिल तत्त्वमीमांसा, मुसलमान राजाओं के साथ सह-अस्तित्व, और मुसलमान व्यापारियों के साथ सहयोग देखने को मिला। यूरोपीय प्राच्यविद् हिंदू धर्म को नए सिरे से आकार देना चाहते थे ताकि उसे परिवर्तन के योग्य बनाया जा सके। उन्हें बहुत थोड़ी सफलता मिली क्योंकि बहुत से लोगों ने मदर मैरी को, भारत की अनेक देवी माँओं का ही एक रूप जाना और अनेक व्यक्तियों के लिए, जीसस एक हिंदू देवता के दूसरे अवतार भर थे।

परंतु यूरोप के साथ संपर्क बढ़ने से, समानता, आज़ादी, गणतंत्र, लोकतंत्र तथा संप्रदायवाद जैसे नए विचार सामने आए और विद्वता की नई

पद्धतियों का परिचय मिला : ग्रंथों का सावधानीपूर्वक अध्ययन, रीति-रिवाजों और मान्यताओं का दस्तावेज़ीकरण, वेदों, उपनिषदों व पुराणों तथा महाकाव्यों का विश्लेषण, और हिंदू धर्म की एक नई समझ। अंग्रेज़ भारत में रेलगाड़ी लाए जिससे यात्रा करना सरल हुआ और उपमहाद्वीप इतना एक हो गया, जितना प्राचीन काल के राजाओं द्वारा बनाए गए राजमार्गों के समय में कभी नहीं था। रेलगाड़ी में कोई भी व्यक्ति, काशी से कांची, द्वारका से पुरी तक बड़ी आसानी और तेज़ी से यात्रा कर सकता था, जिसका उसने पहले कभी अनुभव तक नहीं किया था। अब तीर्थ यात्राएँ पहले की तरह आंतकित करने वाली लंबी यात्रा नहीं रहीं। उन्हें अवकाश की तरह भी मनाया जा सकता था।

इसी औपनिवेशिक काल में, संसार को विवश होकर, गैर-अब्राहिमी धर्मों के अस्तित्व को मान्यता देनी पड़ी, और अनेकता की स्थिति की अवधारणा भी सामने आई। उपनिवेशों के फैलाव से पहले, यूरोपीयों के लिए केवल उनका धर्म ही सच्चा धर्म था। फिर कुछ ऐसे विधर्मी थे, जिनका वे अनादर करते थे और कुछ नास्तिक थे, जिन्हें वे धर्म में लाना चाहते थे। परंतु औपनिवेशिक काल, बहाई जैसे आंदोलनों का भी साक्षी रहा, जो धर्मों की विविधता के बीच एकता चाहता था।

# 27

## वेलंकन्नी : अच्छे स्वास्थ्य की हमारी देवी

वे ईसा मसीह की माता, वर्जिन मैरी हैं, और वे साड़ी में लिपटी हुई हैं। हज़ारों भक्तगण, तमिलनाडु के वेलंकन्नी तीर्थ में उनके दर्शनों के लिए जाते हैं, जिसे 1962 में रोमन कैथोलिक चर्च ने बैसिलिका का दर्जा दिया। वे उनके आगे माथा टेकते हैं, अपने हाथ उनके आगे फैलाते हैं, उनके सामने मुँह के बल लेटते हैं, उनके तीर्थ तक घुटनों के बल चल कर जाते हैं, उनकी महिमा का गुणगान करते हैं, आनंद के मारे रोते हैं, अपने केशों का मुंडन करवाते हैं। अपनी भक्ति और आस्था को प्रकट करने के लिए साड़ी, पुष्प और मोमबत्तियों की भेंट चढ़ाते हैं क्योंकि वे अच्छे स्वास्थ्य की हमारी देवी (लेडी ऑफ़ गुड हेल्थ) हैं।

यह कहानी सोलहवीं सदी की है, एक ग्वाला दूध बेचने के लिए बाज़ार की ओर जा रहा था। वह एक ताल के पास पानी पीने के लिए रुका और बरगद के वृक्ष तले आराम करने लगा। एक महिला उसके सामने प्रकट हुई और अपने बच्चे को पिलाने के लिए थोड़ा दूध माँगा। उस लड़के ने दूध का बर्तन उसे थमा दिया। अपने पुत्र को दूध पिलाने के बाद, उस स्त्री ने बर्तन वापस किया और ग्वाले को धन्यवाद दे कर ओझल हो गई। जब वह लड़का

बाज़ार पहुँचा तो ग्राहकों ने उसे देर से आने के लिए फटकारा। उसने उनसे माफ़ी माँगते हुए बताया कि उसे किस वजह से देर हुई थी। तब सबको यह देख कर हैरानी हुई कि उस बर्तन से दूध छलकने लगा। वह कोई साधारण स्त्री नहीं थी। वह कोई देवी थीं। स्थानीय कैथोलिक लोगों ने उन्हें वर्जिन मैरी के रूप में मान्यता दी। ताल के समीप, जहाँ वे लड़के के सामने प्रकट हुई थीं, वहीं उनके नाम से तीर्थ बनाया गया। ताल का नाम माथा कुलम, मदर्स पूल या अवर लेडीज़ पूल रखा गया।

*वेलंकन्नी का चर्च*

कुछ वर्ष पश्चात्, कुछ लोगों के अनुसार 1597 में, वे एक बार फिर एक अपाहिज लड़के के सामने प्रकट हुईं जो सड़क किनारे बैठा छाछ बेच रहा था। उन्होंने अपने बच्चे को पिलाने के लिए छाछ माँगा। जब बच्चे को छाछ दे दिया गया तो उन्होंने छाछ वाले लड़के से कहा कि वह नागपट्टनम शहर के कैथेलिक निवासी को उनका संदेश देकर आए कि वह उनके लिए एक चर्च बनवा दे। परंतु लड़के ने कहा कि वह तो अपाहिज है इसलिए उनका संदेशवाहक नहीं बन सकता। लेडी मुस्कराईं और उसे कहा कि वह खड़ा होने की कोशिश करे। लड़के को यह देखकर हैरानी हुई कि वह ना केवल खड़ा हो गया बल्कि पैदल चलते हुए, कुछ ही देर में दौड़ने योग्य हो गया और उसने

वह संदेश भी पहुँचा दिया। उक्त सज्जन को संदेश सुन कर पूरा यक़ीन हो गया कि इस चमत्कार के पीछे अवर लेडी ऑफ़ गुड हेल्थ का ही हाथ था।

एक बार पुर्तगाली नाविकों का एक दल मकाओ, चीन से श्रीलंका की ओर रवाना हुआ और मार्ग में, बंगाल की खाड़ी में भयंकर तूफ़ान से घिर गया, उन्होंने मदर मैरी से प्रार्थना करते हुए वचन दिया कि यदि उन्होंने सबको बचा लिया तो वे मदर के लिए चर्च तैयार करवाएँगे। वे अवर लेडी ऑफ़ गुड हेल्थ के इलाक़े में सुरक्षित आ पहुँचे।

ये तीनों चमत्कार उसी क्षेत्र में हुए, जहाँ आज गोथिक शैली में बना बैसिलिका चर्च खड़ा है। अगस्त-सितंबर माह में एक विशेष नौ दिवसीय उत्सव का आयोजन होता है जिसमें लाखों की संख्या में लोग पहुँचते हैं। सामूहिक प्रार्थनाएँ कम से कम आठ भाषाओं में की जाती हैं : तमिल, मलयालम, तेलुगु, कन्नड़, कोंकणी, मराठी, हिंदी और अंग्रेज़ी। सभी धर्मों और जातियों के लोग इस तीर्थ में लेडी के दर्शन करने आते हैं, जिनके बारे में मान्यता है कि वे सभी रोगों से मुक्त करती हैं। यह स्थान 'लूर्दिस ऑफ़ द ईस्ट' कहलाता है, हालाँकि फ्ऱांस के एक गाँव लूर्दिस में भी, उन्नीसवीं सदी में, मैरी एक स्थानीय किसान कन्या के सामने प्रकट हुई थीं।

देवी के उत्सव में, चर्च के सम्मुख एक झंडा फहराया जाता है और अंत में उन्हें मुकुट पहना कर शोभा यात्रा निकाली जाती है। रोगों से मुक्त होने वाले प्रायः अपने साथ साड़ियाँ, सोना अथवा रोगमुक्त शारीरिक अंग की सोने या चाँदी से बनी प्रतिकृति लाते हैं। भक्तों के लिए, अवर लेडी ऑफ़ गुड हेल्थ निःसंतानों को संतान देती हैं, अविवाहितों को जीवनसाथी देती हैं और बेरोज़गारों को नौकरी मिलती है। वे हर घाव, कष्ट और पीड़ा का अंत कर देती हैं। वे मानवता के कष्ट को समझती हैं। कलाजगत में, कई बार उन्हें इस तरह दिखाया जाता है मानो उनके चरणों में सूरज का पूरक, चंद्र रखा हो, जो उनका पुत्र परमेश्वर ईसा मसीह है।

चर्च में कैथोलिक मान्यताओं और कई हिंदू अनुष्ठानों का मिला-जुला रूप देखा जा सकता है। भले ही यह बात किसी धर्मनिष्ठ को परेशान करे, रोमन कैथोलिक संप्रदाय के स्थानीय निवासी, भारतीय भक्तजन की असीम श्रद्धा और उनकी ओर से दिए गए संबोधन को पूरा आदर-मान देते हैं। हज़ारों वर्षों से, भारतीय अम्मा अथवा देवी माँ की अवधारणा से परिचित

रहे हैं जो पूरे ग्राम की रक्षा और पालन करती हैं। पूरे भारत में, लगभग हर ग्रामीण क्षेत्र में, आपको देवी के स्थानीय रूप मिलेंगे, जो स्त्रियों को बच्चा पैदा करने में सहायक होती हैं, रोगों की चिकित्सा करती हैं और जब गुस्से में आती हैं तो रोग और महामारी भी फैलाती हैं। यह भी संभव है कि अवर लेडी ऑफ़ गुड हेल्थ का तीर्थ बनने से पूर्व, वह किसी स्थानीय अथवा कबीलाई, हिंदू, बौद्ध या जैन आदि देवी का तीर्थ रहा हो या फिर सदियों से ऐसा ही रहा हो। भारत में संप्रदाय भले ही बदलें परंतु इष्ट बने रहते हैं।

भारत में दो हज़ार वर्ष पूर्व ईसाई धर्म का प्रवेश हुआ। स्थानीय विश्वास के अनुसार, यह सेंट थॉमस के साथ केरल आया, जो ईसा के प्रचारकों में से थे, उनमें से एक, जिन्हें उनके पुनर्जन्म पर संदेह था। यह मिस्र और अरब के व्यापारियों के साथ भी आया। पंद्रहवीं सदी में, जब पुर्तगालियों ने केरल तक आने का समुद्री मार्ग खोज लिया, तो कैथोलिक धर्म तटीय क्षेत्रों में फला-फूला। यह कोई संयोग नहीं कि मदर मैरी के चमत्कार, पुर्तगालियों के आगमन के एक सदी बाद के हैं।

मदर मैरी के माध्यम से परमात्मा से संपर्क का अंतर ही कैथोलिक ईसाई धर्म को प्रोटेस्टेंट ईसाई धर्म से अलग करता है। सबने इस विचार को स्वीकार नहीं किया कि कुआँरी युवती को 'परमेश्वर की माँ' का दर्जा दे दिया जाए। परंतु पूर्व-ईसाई परंपराओं में दिव्यता को प्रायः स्त्रैण रूप में ही देखा जाता था। जहाँ पुरुष रूप मोक्ष प्रदान करते थे, स्त्रैण रूप स्वास्थ्य की देख-रेख के लिए माने जाते थे। हमें बौद्ध धर्म में भी यह विभाजन मिलता है, बोधिसत्व मोक्ष की बात करते हैं और उनके अश्रुओं से उपजी देवी तारा, करुणा प्रदान करती हैं। इसी प्रकार, श्री वैष्णववाद के श्री विष्णु धर्म और मोक्ष से संबंध रखते हैं, लक्ष्मी अर्थ और काम का

*मदर मैरी और शिशु जीसस*

मूर्तिमान रूप हैं। अनेक मुसलमानों के लिए, पैगंबर की बेटी, फ़ातिमा का 'हाथ', अच्छी क़िस्मत की निशानी माना जाता है और बुरी नज़र से बचाता है। प्रत्येक भारतीय का, अवर लेडी ऑफ़ गुड हेल्थ बैसीलिका की ओर आकर्षित होना सहज ही है।

# 28

## कोलकाता : कर्कशा देवी

उन्नीसवीं सदी में, कोलकाता अंग्रेज़ भारत की राजधानी थी, और समाज में एक ओर औपनिवेशक शासकों का और दूसरी ओर स्थानीय ब्राह्मणों व जमींदारों का वर्चस्व था। इस दौरान, एक उल्लेखनीय स्त्री, रानी रासमणि कोलकाता में सफल महिला व्यवसायी के रूप में उभरीं। जिन्हें रानी राशमोनी भी कहा जाता था। उन्होंने प्रसिद्ध दक्षिणेश्वर काली मंदिर का निर्माण करवाया, जहाँ स्वामी रामकृष्ण परमहंस पुजारी के रूप में नियुक्त थे। रामकृष्ण के शिष्य, स्वामी विवेकानंद बीसवीं सदी के लिए हिंदू धर्म का प्रारूप बना रहे थे और उन्होंने एक आहत सभ्यता के आत्म-विश्वास को पुनः जीवित करने में महत्त्वपूर्ण भूमिका अदा की।

रानी रासमणि का विवाह एक धनी जमींदार से हुआ, वे उस समय ग्यारह वर्ष की थीं। अभी वे चालीस वर्ष की भी नहीं हुई थीं कि उनके पति का देहांत हो गया। जन्मजात नेता कहलाने वाली रानी रासमणि ने बहुत सारी संपदा अर्जित की जिसे वे पूरी चतुराई से कई तरह के परोपकारी, राजनीतिक और धार्मिक परियोजनाओं में व्यय करती थीं। उन्हें कई बार ब्रिटिश ईस्ट इंडिया कंपनी से भी टकराना पड़ा, जो मारे द्वेष के उनके प्रशासनिक और

सौदेबाज़ी के कौशल को सराहते थे। 1857 की भारी उथल-पुथल से लगभग दो वर्ष पूर्व, उन्होंने ऐसा मंदिर बनवाया जो हमेशा के लिए उनकी महान विरासत बन गया - कोलकाता का दक्षिणेश्वर काली मंदिर।

वे काशी की तीर्थ यात्रा पर जाने वाली थीं, जब उन्हें एक सपना आया कि उन्हें किसी और स्थान के मंदिरों में दर्शन करने जाने के बजाए, अपने ही शहर में मंदिर का निर्माण करवाना चाहिए। जी, कोलकाता में, पहले से कालीघाट में काली मंदिर था : एक प्राचीन विशालकाय ढाँचा, एक शक्ति पीठ जो भैरव तीर्थ के साथ अपने-आप में संपूर्ण था। उसे अनेक स्थानीय जमींदारों का संरक्षण भी मिला हुआ था। परंतु शहर को एक और पूजन स्थल की आवश्यकता थी जिस पर रुढ़िवादी पंडितों का नियंत्रण कम हो और आम जनता उस तक आसानी से पहुँच सके। संभवतः वे अठारहवीं सदी के रामप्रसाद सेन के श्याम संगीत भजनों से प्रेरित हुई थीं और उन्होंने तांत्रिक देवी को श्रद्धा की दृष्टि से देखा।

इस प्रकार, रानी रासमणि ने हुगली नदी के किनारे ज़मीन ख़रीदी, जिसका आकार कछुए के कूबड़ की आकृति में था, उसके कुछ हिस्से पर यूरोपीय ईसाई का और कुछ हिस्से पर मुसलमानों का स्वामित्व था जो अपने मुर्दों को उस जगह गाड़ते थे। इस ज़मीन पर, जो विदेशी शक्तियों और विदेशी धर्मों से संबंधित थी, वे एक ऐसी देवी का मंदिर बनवाने जा रही थीं, जो अपनी शक्ति और नियम भंग करने वाली प्रकृति के लिए जानी जाती थीं - काली!

*दक्षिणेश्वर काली मंदिर की नवरत्न वास्तुकला*

बंगाल महायान बौद्ध धर्म का अंतिम गढ़ रह चुका था, जिसने पितृसत्तात्मक बौद्ध धर्म में देवी की उपासना आरंभ की।

बंगाल में तांत्रिक बौद्ध धर्म के संरक्षक पाल राजाओं को लगभग नौ सौ वर्ष पूर्व, ग्यारहवीं सदी में हिंदू सेन राजाओं ने शासनच्युत कर दिया था। हालाँकि इससे पहले कि सेन राजा अपने शासन को संगठित कर पाते, अधिकतर बंगाल पर मुसलमान सुलतान ने अतिक्रमण कर लिया था जो मध्य एशिया और अफ़गानिस्तान से आया था। यही कारण है कि बंगाल में बहुत बड़े हिंदू मंदिर देखने को नहीं मिलते। तेरहवीं सदी से सत्रहवीं सदी तक - लगभग चार सौ वर्ष तक हालात वैसे ही रहे। तुर्क-अफ़गान राजाओं को ओड़िशा के गंग राजाओं का विरोध सहन करना पड़ा। गंग राजाओं ने अपना प्रभुत्व जमाया और पुरी में जगन्नाथ और कोर्णाक मंदिर बनवा कर हिंदू वर्चस्व स्थापित किया। परंतु बंगाल में इस तरह के कोई मंदिर देखने में नहीं आते। ब्राह्मणों की अनुपस्थिति में, जो कि पारंपरिक हिंदू मंदिर वास्तुकला में विशेषज्ञ थे, बंगाल को कामचलाऊ प्रबंध करने पड़े। सत्रहवीं सदी के पश्चात ही, मल्ल राजाओं ने बंगाल में अनूठे तीर्थ बनवाए जो बिशनुपुर के टेराकोटा मंदिरों के रूप में देखे जा सकते हैं।

हिंदू मंदिरों की तरह बंगाली मंदिरों में भी शिखर होता है परंतु मुसलमानों की मस्जिदों की तरह, उनके कोनों में मीनारें भी होती हैं। इन्हें देख कर चर्च की मीनारों का ध्यान आता है। सभी छतें और शिखर, फूस और छाजन से छाई हुई छतों से प्रेरित होते हैं, जैसे बंगाल के ग्राम्य जीवन में देखी जा सकती हैं। इस प्रकार, दक्षिणेश्वर काली मंदिर, नवरत्न शैली में है, इसमें नौ मीनारें हैं; जिनमें से एक बीच में, चार कोनों पर बाक़ी चार उनके नीचे हैं। इसके भीतर काली की प्रतिमा प्रतिष्ठित है, जिसे भवतारिणी नाम से जाना जाता है, वे शिव की छाती पर खड़ी हैं और वे कमल पुष्प के आकार के आसन पर लेटे हुए हैं। महायान बौद्ध संप्रदाय, तंत्र और पूर्वी भारत की कबीलाई विरासत में काली तारिणी और तारा नाम से ही जानी जाती हैं।

शिव के ऊपर खड़ी काली, निश्चित रूप से रानी रासमणि के लिए स्त्री शक्ति का रूप रही होंगी, जिन्हें अपने धन, सत्ता और बुद्धि के बावजूद, एक स्त्री होने के कारण अनेक कष्टों व बाधाओं का सामना करना पड़ा होगा। उन्हें अपना बहुत सा काम अपने दामादों के माध्यम से करना पड़ता था। जब मंदिर बन कर तैयार हुआ, तो उन्हें उसे एक ब्राह्मण को दान में देना पड़ा, केवल तभी ब्राह्मण समुदाय ने उस मंदिर की मूर्ति की प्राण-प्रतिष्ठा करने

की हामी भरी। इसी मंदिर में, उन्होंने दुर्गा पूजा का उत्सव मनाना आरंभ किया और एक बार फिर से स्त्री शक्ति को मान्यता प्रदान की। इन उत्सवों के दौरान उन्होंने 'जात्रा' का प्रबंध किया ताकि देवी जनसाधारण के बीच पहुँच सकें। जिस प्रकार लोकमान्य तिलक कुछ दशक बाद, पुणे में राष्ट्रीय और राजनीतिक चेतना जाग्रत करने के लिए सामुदायिक गणपति पूजा की स्थापना करने वाले थे।

रानी रासमणि ने लिंग, जाति, वर्ग और धर्म के नियमों को चुनौती दी। उन्होने एक नई सोच के लिए परितंत्र प्रदान किया जो काली को मातृभूमि से जोड़ता था। बंगाली बुद्धिजीवी काली की नग्नता से लज्जित थे और उन्होंने तर्क दिया कि हमारी मातृभूमि के साथ भी यही हुआ है, वह विदेशी क़ब्ज़े से अपमानित हुई है। अन्य लोगों ने उसे भूमि की आदि ऊर्जा के रूप में देखा जो सामने आने की प्रतीक्षा में थी। 1870 में, कवि बंकिम चंद्र चटर्जी, मातृभूमि को प्रणाम करते हुए, वंदेमातरम् की रचना करने को प्रेरित हुए। 1905 में, कलाकार अवनींद्रनाथ टैगोर ने, भारत माता की छवि चित्रित की। उनके एक हाथ में वस्त्र (नग्न लोगों को पहनाने के लिए), एक पुस्तक (अशिक्षितों को पढ़ाने के लिए), धान की बालियाँ (भूखों को भोजन देने के लिए) तथा एक जपमाला (व्याकुल मन की शांति के लिए) पकड़ी हुई थी। सबसे महत्त्वपूर्ण बात यह थी कि उनके हाथ में कोई अस्त्र-शस्त्र नहीं दिखाया गया था। उन्होंने कल्पना की कि भारत माता ने एक भिक्षुणी की तरह वस्त्र धारण किए हुए हैं जो कि दक्षिणेश्वर काली की कठोर लैंगिक मुद्रा से अलग थी।

*पारंपरिक बंगाली कला में दक्षिणेश्वर काली को दिखाया गया है*

दक्षिणेश्वर नाम हमें याद दिलाता है कि वे ब्राह्मण पुरोहित दक्ष की विद्रोहिणी कन्या थीं और वे दक्षिण से आई थीं, जिसे मृत्यु

की दिशा कहा जाता है। वे अपने पति शिव से मिलने आई थीं जिनका उत्तर में वास था, ध्रुव तारे का वह स्थान जो अमरत्व के लिए जाना जाता है। वे उनकी छाती पर सवार होकर यह स्मरण करवाती हैं कि अमरत्व चाहने वाले मन अर्थात मन/ मंत्र पर नश्वर शरीर अर्थात तन/ तंत्र का महत्त्व अधिक है।

*अवनींद्रनाथ टैगोर द्वारा चित्रित भारत माता का आधुनिक चित्र*

परंपरावादियों का मानना है कि काली को जब यह पता चला कि उन्होंने भूल से अपने पति की छाती पर पैर रख दिया है तो उन्होंने मारे लज्जा के जीभ बाहर निकाली। पितृसत्तात्मक हिंदू समाज में पति ही पत्नी के लिए परमेश्वर का रूप होता है। यह भी संभावना हो सकती है कि यह जीभ उन पुरुषों को चिढ़ाने के लिए निकाली गई हो जो रानी रासमणि जैसी स्त्रियों की शक्ति को नकारते हैं, जिन्होंने भारत को हमेशा के लिए बदलने में अहम भूमिका निभाई।

# 29

# दिल्ली : एक मंदिर के लिए एक कमल

पिछले कुछ वर्षों में, कमल के आकार का बहाई उपासना स्थल, दिल्ली की एक पहचान बन कर उभरा है। वास्तुशिल्प का यह अद्भुत उदाहरण, 1986 में निर्मित हुआ था, जो आज लाखों पर्यटकों के आकर्षण का केंद्र है। इस भवन में, तीन वृत्त हैं जिनमें से प्रत्येक में नौ-नौ पंखुड़ियाँ हैं; सबसे भीतर वाले मंडल में बंद पंखुड़ियाँ हैं, दूसरे मंडल में पंखुड़ियाँ खुलने वाली हैं और तीसरे मंडल की पंखुड़ियाँ खुली हुई हैं। इस संरचना में एक विशाल कक्ष है, जिसमें ढाई हज़ार लोग अपने मनचाहे तरीक़े से बैठ कर, प्रार्थना व ध्यान कर सकते हैं। उन्हें मौन रहना होता है ताकि दूसरों की प्रार्थना में खलल नहीं आए। इस जगह पंथ की ओर से कोई मुखिया नहीं होता या उनकी ओर से कोई भाषण नहीं दिया जाता। इसके अतिरिक्त किसी और तरह का अनुष्ठान या समारोह भी नहीं होता। केवल मौन और आंतरिक यात्रा। इस संरचना का विचार, उस सेवा भाव का प्रतिकूल है, जो औपनिवेशक काल को परिभाषित करती थी - एक ज़रूरत, ताकि बहु धर्मों के समायोजन का उपाय हो सके।

बहा, एक अरबी-फ़ारसी शब्द है। यह ना तो कोई नाम है और न ही संज्ञा; यह एक विशेषण है, अर्थात ईश्वर की 'महिमा'। इस प्रकार बहाई धर्म,

महिमामयी धर्म है या महिमा का संप्रदाय है। अरबी लिपि में, अट्ठाइस वर्ण अंकों से संबंधित हैं। इन्हें अबजद अंक कहते है। वर्ण/अंकों को जोड़ कर बने जिन अंकों से पवित्र नाम या आयत बनती है, उसे पवित्र और महत्त्वपूर्ण मानते हैं। जैसे 786 के अंक को ही लें, इसका संदर्भ उस आयत से है जो किसी भी काम को आरंभ करने से पहले कही जाती है, 'बिस्मिल्लाह इर-रहमान इर-रहीम'। जिसका अर्थ है, 'मैं यह काम अल्लाह के नाम पर करता हूँ। अल्लाह बहुत दयालु है और अपनी दया हम तक पहुँचाता है'। इसी तरह बहा शब्द के वर्णों को जोड़ कर 9 का अंक बनता है। इस प्रकार नौ कोनों वाला सितारा, बहाई संप्रदाय का प्रतीक है। इस तरह, नौ पंखुड़ियों वाले तीन मंडलों से कमल मंदिर बना है। नौ संसार के प्रमुख नौ धर्मों की ओर भी इंगित करता है : बहाई धर्म, यहूदी धर्म, इस्लाम, ईसाई धर्म, हिंदू धर्म, बौद्ध धर्म, जैन धर्म, शिंटो धर्म और सिक्ख धर्म।

वे तीन मंडल संभवतः धर्म के तीन स्तंभों की ओर भी संकेत करते हैं : ईश्वर एक है (सर्जक), एक सार्वभौमिक धर्म (सभी धर्मों का स्रोत एक है), और एक मानवता (सभी समान हैं और विभिन्न जातियों व संस्कृतियों से होने के बावजूद सम्मान के अधिकारी हैं)। इस धर्म की मान्यता है कि सभी मनुष्यों की आत्मा विवेकशील है, इसलिए वह ईश्वर से संपर्क स्थापित करते हुए अपनी आंतरिक यात्रा आरंभ कर सकता है और सेवा के माध्यम से, बाहरी यात्रा आरंभ कर सकता है। ये तीनों मंडल संभवतः तीनों लोकों को भी इंगित करता है : सबसे ऊपर ईश्वर, मध्य में उनकी रचना तथा निचले तल पर मानवता।

बहाई ईश्वर के संदेशवाहक में विश्वास रखते हैं, जो मनुष्यों को श्रेष्ठ जीवन जीने का उपाय सिखाता है। प्रत्येक संदेशवाहक ऐतिहासिक और भौगोलिक संदर्भों के अनुसार अपने संदेश को संपादित करता है। इन संदेशवाहकों में मूसा, जीसस, मुहम्मद, कृष्ण तथा बुद्ध शामिल हैं। इनमें से हाल ही में आने वाले संदेशवाहक बाब (ईरान में बहाई धर्म के संस्थापक) थे, जो बहाउल्लाह (बहाई धर्म के संस्थापक) के बाद आए। बहाई धर्म के अनुयायियों की मान्यता है कि बाब, बहाउल्लाह के परवर्ती थे, जैसे जीसस के बाद जॉन बैपटिस्ट आए थे। बहाउल्लाह जरथुस्त्र, बौद्ध तथा हिंदू धर्म से स्पष्ट रूप से परिचित थे। उन्होंने कृष्ण को संदेशवाहक तथा भगवद गीता

को प्रभु के संदेश के ग्रंथ के रूप में देखा। उन्होंने स्वयं को कल्कि कहा, जो कई हिंदू पुराणों के अनुसार अंतिम अवतार होंगे। बहाई धर्म का यह समावेशी स्वभाव, सभी धर्मों के नेताओं को प्रभु का संदेशवाहक मानता है, जिसने इसे वैश्विक सांप्रदायिक दायरों में बहुत लोकप्रिय बना दिया है।

*लोटस टैम्पल*

इस धर्म के संस्थापक, उन्नीसवीं सदी में, फ़ारस में रहते थे परंतु बाद में उन्हें ओटोमन राजाओं द्वारा निष्कासित कर दिया गया। इस देश निकाले में ही उनकी मृत्यु हुई और उन्हें उस जगह दफ़नाया गया जो दूसरे विश्व युद्ध के बाद इजरायल होने वाली थी। हालाँकि राजनीतिक रूप से देखें तो ईरान में धर्म के इतिहास में अधिकारियों की ओर से सताने के प्रमाण मिलते हैं क्योंकि उसका संबंध अंग्रेज़ों, रूसवासियों, गुप्त संस्थाओं के सदस्यों और यहूदी देश से था। इंटरनेट पर ऐसे अनेक विवादित प्रसंग मिलते हैं। परंतु एक औसत यात्री के लिए यह उपासना स्थल है, धर्म का गैर-राजनीतिक स्वरूप, विभाजित करने के बजाए सबको एक करने की इच्छा स्पष्ट रूप से दिखाई देती है।

धर्म की जड़ें अब्राहमी पौराणिकता में हैं और यह भी साफ़ तौर पर दिखाई देता हे। वे एक ईश्वर में विश्वास रखते हैं, जो अपने संदेशवाहक के माध्यम से संदेश देता है। उपासना के लिए किसी एक स्थान पर जमा होने पर बल दिया जाता है और किसी तरह की मूर्ति पूजा नहीं होती, यहाँ हिंदुओं की अवतार की अवधारणा (ईश्वर भौतिक जगत में नश्वर शरीर लेकर अवतरित होता है) का पैगंबर (अल्लाह का संदेशवाहक) की इस्लामी अवधारणा से मेल दिखाई देता है। इस तरह, समलैंगिकता के प्रति असहजता देखी जा सकती है, हालाँकि उस तरह का बैर नहीं दिखता, जो हमें कुछ ईसाई धर्म के गिरजों और अधिकतर इस्लामी वर्गों में दिखाई देता है। जकात की मान्यता भी है, यानी अपनी आय में से कुछ हिस्सा धर्म के नाम निकाला

जाए ताकि जनता की भलाई के साथ-साथ उपासना स्थलों के निर्माण में भी योगदान दिया जा सके। इस योगदान के लिए, आपको इस धर्म का अनुयायी होना चाहिए। आरंभ में, धर्म का नेतृत्व व्यक्तिगत रूप से होता था, जैसा शिया इस्लाम के अनेक संप्रदायों में होता है। हालाँकि, अब बहाई धर्म चुने और नियुक्त किए गए व्यक्तियों के माध्यम से, कहीं अधिक प्रजातांत्रिक तरीक़े से काम करता है।

बहाई धर्म 200 देशों तक फैला हुआ है और इस समय इसके आठ उपासना स्थल हैं। भारत के अतिरिक्त वे यूएसए, युगांडा, ऑस्ट्रेलिया, जर्मनी, पनामा, सामोआ और चिली में हैं। अन्य स्थानों पर भी उपासना स्थलों के निर्माण की योजना बन रही है। अब्राहिमी धर्मों में एक उपासना स्थल होता है जहाँ सभी मिल कर प्रार्थना करते हैं, पवित्र ग्रंथों को सुनते हैं और हिंदू धर्मों में, मंदिर प्रभु का घर माना जाता है, जहाँ भक्त प्रभु के दर्शन करने जाता है और उसे प्रसाद चढ़ा कर अपनी मन्नतें मानते हैं। हम प्रायः इन भेदों को अनदेखा कर देते हैं : यही कारण है कि बहाई जिसे अपना उपासना स्थल कहते हैं, वह भारतीयों के लिए कमल 'मंदिर' हो जाता है।

# 8

# राष्ट्र
# (वर्तमान)

भारत 1947 में एक स्वतंत्र राष्ट्र बना। तीर्थों की भूमि, राजधानियों व सम्राटों से लेकर, उपमहाद्वीप, अंततः राज्यों में विभाजित हुआ, जो धार्मिक और राष्ट्रीय जुनून और कट्टर सीमाओं से भरे थे। भारत में आस्था अस्थिर और सांस्कृतिक थी। हिंदू मुस्लिम दरगाहों पर जाते थे, मुस्लिम व्यापारी हिंदू मंदिरों को अपना सहयोग देते थे। अंग्रेज़ों ने विभाजन को कट्टर बना दिया। जिस संसार में हमेशा युग्मकों का पक्ष लिया गया, उसमें हिंदू धर्म को निरंतर इस रूप में दिखाया गया कि वह उच्च्च जाति के लोगों का पक्ष लेता था, और उसमें तत्काल सुधार की आवश्यकता थी, एक ऐसा दृष्टिकोण जो कभी-कभी उचित लगता था और कभी-कभी षड्यंत्र से भरपूर जान पड़ता था।

भारत के लोगों ने अपने लिए प्रजातांत्रिक गणराज्य चुना। संविधान को सांप्रदायिक बनने से बचाना था (इंदिरा गाँधी के बाद प्रस्तावना में धर्मनिरपेक्ष), धर्म को सार्वजनिक मामलों से परे रखा गया। परंतु संप्रदायवाद की धर्म के प्रति अवहेलना के लिए उसे गहरी क़ीमत चुकानी पड़ी। इसने ना केवल भारत बल्कि दुनिया भर में धर्म के सबसे विषाक्त रूप के उदय को पाला-पोसा। रुढ़िवादिता ने अपना कुरूप सिर उठा लिया और इसके साथ ही वाणिज्यवाद आया। तीर्थ यात्राएँ धर्म से संबंधित कम हुईं और पर्यटन से अधिक जुड़ती चली गईं। उत्सवों पर राजनेताओं का एकछत्र राज हुआ।

लोग हिंदू धर्म के बारे में अखिल भारतीय तरीक़े से बात करने लगे, वे भूल गए कि अधिकतर तीर्थ स्थल स्थानीय थे, जैसे महाराष्ट्र में गणेश के आठ मंदिर तथा राम को समर्पित चार मंदिर और उनके भाइयों के मंदिर केरल में हैं। लोगों ने हिंदू धर्म को समानता के आधुनिक मूल्य से संरेखित करना चाहा जिसके कारण जिन मंदिरों में गैर-हिंदुओं, 'नीची जाति' के लोगों

तथा स्त्रियों का प्रवेश वर्जित था, उनके लिए समस्या पैदा हो गई। विविधता में एकता, केवल कहना ही सरल था, इसका अनुभव पाना आसान नहीं था।

जब यात्रा करना सरल हुआ, तो लोगों को अहसास हुआ कि दक्षिण भारत के मंदिर, शेष भारत के मंदिरों से कितनी अलग तरह से काम करते थे। मुंबई जैसे नगरों में, ऐसे तीर्थ थे, जिनमें सभी धर्मों के लोग जाते थे। बॉलीवुड सुपरस्टारों के घर तीर्थ स्थल बन गए। इंटरनेट के कारण पूजा-उपासना के विभिन्न रूप सामने आए, किस तरह नवरात्रि के उत्सव में बंगाल में मांस अवश्य पकता है और पंजाब में विशेष रूप से इन दिनों शाकाहार का पालन होता है। पूँजीवाद ने पर्यटन तथा सत्कार को बढ़ावा दिया। विमानों और हैलीकॉप्टरों की मदद से सुदूर स्थानों पर बसे तीर्थ स्थलों की यात्रा करना सरल हुआ, लोग उस एकांत की खोज करने लगे, जो कभी देवों तथा ऋषियों की चाहना हुआ करता था।

इस अनावरण का एक अर्थ यह भी हुआ कि लोगों में हिंदू धर्म की जटिलता के प्रति समझ पैदा हुई। जहाँ राजनीतिक दल धर्म को समरूप बनाना चाहते थे और तीर्थ स्थलों को राजनीति के अखाड़ों में बदल रहे थे। वहीं प्रत्येक तीर्थ स्थल ने अपनी विविध पहचान के साथ, यह सुनिश्चित किया कि वह विविधता तथा गतिशीलता बनी रहे, जिस प्रकार भारतवर्ष के धर्म ने स्वयं को इक्कीसवीं सदी के अनुकूल बनाया।

# 30

## आगरा : महल नहीं, एक मक़बरा

अनेक वर्ष पूर्व, मैंने *लाल पत्थर* नामक फ़िल्म देखी थी। इसमें एक धनी, शिक्षित और उदास व्यक्ति की कहानी बताई गई है, जिसे कमाल के अभिनेता राजकुमार ने अभिनीत किया था, जो एक सुंदर ग्रामीण युवती से विवाह करता है, जो भूमिका सुंदरी हेमा मालिनी ने निभाई थी। वह अपने हनीमून के दौरान उसे ताज महल ले जाता है जो प्रेमियों और रोमानी जोड़ों का वैश्विक तीर्थ माना जाता है। परंतु उसे यह देख कर आश्चर्य होता है कि उसकी पत्नी प्रेम के उस अद्भुत स्मारक, काल के गाल पर अश्रु की एक बूँद मान कर नहीं सराहती। वह उसे मक़बरा कह कर, उस जगह से भाग खड़ी होती है, क्योंकि उसे लगता है कि वह अपवित्र हो गई और उसे स्नान करना चाहिए। तब उस एक क्षण में नायक को अनुभव होता है कि उसकी पत्नी एक अलग ही दुनिया से आई है, जो उसके अनुसार हीन है : एक देहाती छोकरी, उसकी सुंदरता भी किसी काम नहीं आती। आज इसे आधुनिक भारत और पारंपरिक भारत के विभाजन के रूप में पढ़ा जाता है। आधुनिक भारतीयों के लिए, ताजमहल एक धर्मनिरपेक्ष संरचना है, जिसकी कोई धार्मिक जड़ें नहीं हैं। पारंपरिक भारत के लिए ऐसा नहीं कह सकते,

जो इसे एक मक़बरा मानता है, संभवतः प्रेमियों का पवित्र मक़बरा या फिर एक ऐसा स्थान, जिस जगह पहले कोई मंदिर खड़ा था।

*ताज महल*

ताज महल एक समाधि (सुनने में मक़बरे से बेहतर लगता है) है जिसे मुमताज महल की क़ब्र पर बनाया गया है, वह मुगल बादशाह शाहजहाँ की पत्नी थी। ताज महल आगरा शहर में, यमुना नदी के किनारे स्थित है। वर्तमान में यह शहर उल्लेखनीय रूप से गंदा है, आज़ादी के बाद से देश में आने वाली प्रत्येक सरकार की ओर से उपक्षित रहा, जबकि इसकी गणना लोकप्रिय पर्यटन स्थलों के रूप में की जाती है। उच्चतम न्यायालय के आदेश के अनुसार, इसे शुक्रवार को बंद रखा जाता है। यह जानने के बाद मन में जिज्ञासा उत्पन्न होती है कि यह स्मारक धार्मिक है अथवा धर्म निरपेक्ष, क्योंकि शुक्रवार को मुसलमानों का आराम का दिन माना जाता है।

महान व्यक्तियों - संतों, राजाओं, कवियों और प्रेमियों के मक़बरे बनाने की प्रथा प्राचीन शाही फ़ारस से आती है जो साइरस महान के समय से चली आ रही है और इसे शिया मुसलमानों ने अपनाया। अरब के जनजातीय समतावाद में जड़ें रखने वाले सुन्नी मुसलमान इस प्रथा को पसंद नहीं करते। मुगल राजाओं के मन में इस प्रथा के लिए मिश्रित भाव रहे और इस तरह बाबर की क़ब्र बहुत सादा रही और उस पर कोई गुंबद नहीं बनाया गया, जबकि हुमायूँ की क़ब्र पर गुंबद है। अकबर और जहाँगीर

के मक़बरे भव्य हैं परंतु उनमें गुंबद नहीं हैं। औरंगज़ेब का मक़बरा सबसे साधारण और बिना छत वाला था, हालांकि उसने अपनी बीबी के लिए औरंगाबाद में 'बीबी का मक़बरा' बनवाया।

पारंपरिक हिंदू परिवारों में, मृत्यु से संपर्क होने पर, सूतक माना जाता है और मृतक से निकटता के आधार पर तय होता है कि यह सूतक कितने दिन तक रहेगा। यह वजह है कि जब किसी व्यक्ति की मृत्यु होती है तो पारंपरिक रूप से, मृतक देह से जुड़ी कोई वस्तु घर के निकट नहीं रखते। उसे गाँव के बाहर दाह-संस्कार करने के बाद, अस्थियों को यथासंभव नदी में विसर्जित कर देते हैं।

हिंदू मान्यताओं में दफ़नाने या मक़बरे बनाने की परंपरा नहीं है, हालाँकि कुछ संप्रदायों में ऐसा किया जाता है। बुद्ध का दाह-संस्कार हुआ, परंतु उनके अनुयायियों ने स्मारक चिह्नों के रूप में दाँत व हड्डियों को स्तूपों में रखा। इस प्रथा को हिंदुओं के मठों की व्यवस्था में अपनाया गया। इस तरह, जब किसी महान गुरु अथवा आचार्य की मृत्यु होती है तो उसका दाह-संस्कार नहीं करते। माना जाता है कि उनकी देह यौगिक अभ्यासों से पहले ही पवित्र हो चुकी है। उन्हें बैठी हुई मुद्रा में नमक में दफ़नाया जाता है और उन पर समाधि बना दी जाती हैं।

इस्लाम के आगमन के साथ ही, गाँवों में श्मशान भूमि के साथ-साथ मुस्लिम हमलावरों, प्रवासियों और धर्म परिवर्तकों के लिए क़ब्रिस्तान भी बनने लगे। सूफ़ी संतों के मक़बरे तीर्थ या दरगाह कहलाए। महान राजपूत राजाओं और रानियों के दाह-संस्कार स्थल पर बनी छतरियों की प्रथा, दिल्ली के सुलतानों को देख कर आरंभ हुई होगी, जो प्राचीन फ़ारसी प्रथाओं का अनुकरण कर रहे थे। स्वतंत्रता मिलने के बाद, नेताओं के दाह-संस्कार स्थल बनाना राजनीतिक रूप से महत्त्वपूर्ण हो गया। इस प्रकार हमारे पास गाँधी समाधि और शक्ति स्थल हैं। मक़बरों में जाना अपवित्र नहीं माना जाता और इसे राजनीतिक और राष्ट्रवादी प्रथा के रूप में प्रोत्साहित किया जाता है इसलिए आज आपको ताज महल से आने के बाद पवित्र होने के लिए स्नान करने की आवश्यकता नहीं है। जो लोग ऐसा करते हैं, वे किसी को इस बारे में नहीं बताते।

निःसंदेह, ऐसे लोग भी हैं जो यह मानते हैं कि ताज महल एक मंदिर था। वायरल ई-मेल और सीरियल वाट्स-एप संदेश एक दुरभिसंधि का सिद्धांत देते हैं कि ताज महल वास्तव में तेजो महालय नामक शिव मंदिर था। ऐसा पहला दावा करने वाले सज्जन पी.एन. ओक का यह भी मानना है कि इंग्लैंड के स्टोनहेंज में हिंदू जड़ें छिपी हैं। हिंदू मंदिरों की वास्तुशैली के नियमों पर संक्षिप्त रूप से विचार करने पर भी यह पता चलेगा कि ताज महल, संभवतः हिंदू निर्माण नहीं हो सकता। क्या उस जगह पर कोई मंदिर था जो इस स्मारक को बनाने के लिए ढहा दिया गया? क्या इस ढाँचे में हिंदू नमूने अंकित करने वाले कारीगर हिंदू थे? क्या उनके अँगूठे काट दिए गए थे कि वे कहीं और ऐसी सुंदरता नहीं रच सकें? ये सब किंवदंतियाँ हैं। इनमें से किसी को भी प्रमाणित नहीं कर सकते। दरअसल, ताज महल के बारे में इतना कम साहित्य उपलब्ध है कि इसके बारे में हम कुछ भी मनचाहा प्रमाणित कर सकते हैं। अंग्रेज़ों को पूरा विश्वास था कि ताज महल की वास्तु कला भारतीय नहीं हो सकती; यह अवश्य ही यूरोपीय, संभवतः इतालवी या फिर फ्रेंच रही होगी।

सारी दुनिया के लोगों के लिए, ताज महल की यात्रा करना किसी तीर्थ से कम नहीं है। एक मुस्लिम मक़बरा भारत की सर्वाधिक लोकप्रिय छवि बनाता है, यह बात कई अतिवादी हिंदुओं को परेशान करती है, ख़ासतौर पर जब वह अपने एक अलग प्रसार में लगे हैं (यह वाराणसी क्यों नहीं हो सकता?)। अधिकतर यात्रियों को लगता है कि यह एक महल है, जबकि वास्तव में देखने पर उन्हें पता चलता है कि वे एक मक़बरा देखने आए हैं। फिर आप लोगों को एक साथ बनी दो कब्रों के आगे झुकते हुए देखते हैं - उनमें से एक बेगम की, और दूसरी उनके बादशाह पति की है, जिन्हें उनके पास ही दफ़नाया गया है। ऐसा नहीं कि बच्चे उनके प्रेम को बहुत सराहते थे, दरअसल उनका बेटा औरंगज़ेब व्यावहारिक क़िस्म के लोगों में से था और वह राज्य का ख़र्च बचाना चाहता था।

*मुमताज़ महल और शाहजहाँ की कब्रें*

पिछले पचास वर्षों में, धर्म की परिभाषा में बदलाव आया, अब वह केवल ईश्वर तक सीमित नहीं रह कर, किसी भी पवित्र वस्तु तक आ गई है, और इसके साथ ही तीर्थ यात्रा की परिभाषा भी बदली है। वर्तमान में, तीर्थ यात्रा का अर्थ यही नहीं रह गया कि व्यक्ति केवल दिव्यता से जुड़े स्थानों की ही यात्रा करेगा। पावन समझे जाने वाले, गहन अर्थ, ऊर्जा तथा रहस्यमयी शक्ति रखने वाले स्थानों पर भी लोग जाना पसंद करते हैं। दूसरे शब्दों में, अब हम एक ऐसे संसार में जीते हैं, जहाँ हम धार्मिक के अतिरिक्त सांप्रदायिक स्थलों की तीर्थ यात्रा भी कर सकते हैं। प्रेमी ताज महल जा सकते हैं, देशभक्त वाघा बॉर्डर जा सकते हैं, श्रद्धालु शबरीमाला जा सकते हैं और सभी सिद्धि विनायक, कुंभ मेला या अमिताभ बच्चन के घर जा सकते हैं। ये मार्ग ही भारत को रचते और बाँधते हैं और यह एक बहुत अच्छी बात है।

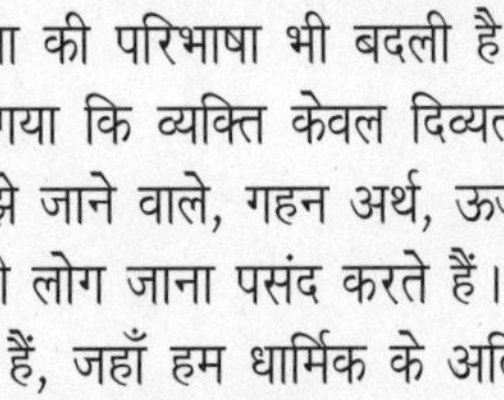

# 31

## सबरीमाला :
## ब्रह्मचारी योद्धा देवता

क्या कोई स्त्री मुअज्जिन बन कर नमाज़ियों को जाामा मस्जिद में नमाज़ पढ़ने के लिए बुला सकती है? क्या भारत में कोई स्त्री मुख्य पादरी हो सकती है? क्या किसी समलैंगिक व्यक्ति को खुलेआम अकाल तख़्त का नेतृत्व करने की अनुमति दी जा सकती है? क्या कोई दलित कांचीपुरम, तमिलनाडु के किसी मंदिर में पंडा बन सकता है?

क्या किसी यूरोपीय या अमेरिकी को पुरी, ओड़िशा के जगन्नाथ मंदिर में प्रवेश करने की अनुमति दी जा सकती है? क्या नए-नए बने किन्नर और स्त्री-समाज के अखाड़ों को कुंभ मेले में शाही स्नान का नेतृत्व करने की अनुमति दी जा सकती है? क्या स्त्रियाँ शबरीमाला मंदिर में प्रवेश कर सकती हैं, जो अब तक, केवल पुरुष श्रद्धालुओं के लिए ही आरक्षित था? हाँ, हाँ, हाँ। हम धर्म में अनेक 'सुधारों' की कल्पना कर सकते हैं। हालाँकि, सुधार की अवधारणा प्रायः 'विरूपता की मान्यता' पर आधारित होती है, जो 'सामान्यतः' की मान्यताओं' पर आधारित होती हैं।

ऐसे अनेक व्यक्ति हैं जो स्वयं धर्म को ही विरूपता के रूप में देखते हैं। बचे हुए लोगों में, ऐसे लोग भी हैं जो लोकप्रिय मान्यता को प्रश्रय देते हैं कि एक 'सामान्य' देवता वही है जो सभी जीवों को एक समान दृष्टि से देखता है। हालाँकि ईश्वर की यह परिभाषा सार्वभौमिक नहीं है; यह

राजनीतिक है, जिसकी जड़ें अब्राहिमी पौराणिकता में छिपी हैं, जो यहूदी, ईसाई और इस्लाम तथा इसके साथ ही आधुनिकता की धारणाओं को सूचित करती है। इसके विपरीत कोई धर्म नहीं है, जो असमानता में विश्वास रखता है (जो हिंदुत्व के लिए मानक यूरो-अमेरिकी दृष्टिकोण रहा है), वह एक ऐसा धर्म है जो विविधता, तथा इसके भीतर बसे पदानुक्रम और आयामों को सराहता है। यह परवर्ती गैर-अब्राहिमी दृष्टिकोण हिंदू धर्म, बौद्ध धर्म, जैन धर्म, कन्फ़्यूशियसवाद, ताओवाद तथा संसार के अनेक कबीलाई और लोक धर्मों को सूचित करता है।

महिलावादी आइकन, जरमाइनी ग्रीर ने एक साक्षात्कार में, विपरीत लिंगियों के प्रति अपने राजनीतिक रूप से अनुचित विचारों को बुरा-भला कहते हुए कहा कि वे समानता के नारीवाद की बजाए मुक्त नारीवाद में विश्वास रखती हैं। उनके लिए, समानता नारीवाद का अर्थ है कि वे एक पुरुष के समान होने की कोशिश कर रही हैं, जबकि मुक्त नारीवाद का अर्थ है कि उन्हें चुनाव करने की आज़ादी मिल रही है। 'समानता' और 'मुक्ति' में अंतर करने वाला यह ढाँचा तब और अधिक उपयोगी हो जाता है, जब कोई संसार के विभिन्न धर्मों को सराह रहा हो। प्रबल यूरो-अमेरिकी विश्वास तंत्र, धार्मिक और सांप्रदायिक, समानता की चाह रखते हैं। प्रबल भारतीय-आर्य तंत्र, अनिवार्य प्राकृतिक तथा कृत्रिम पदानुक्रमों से मुक्ति की चाह रखते हैं।

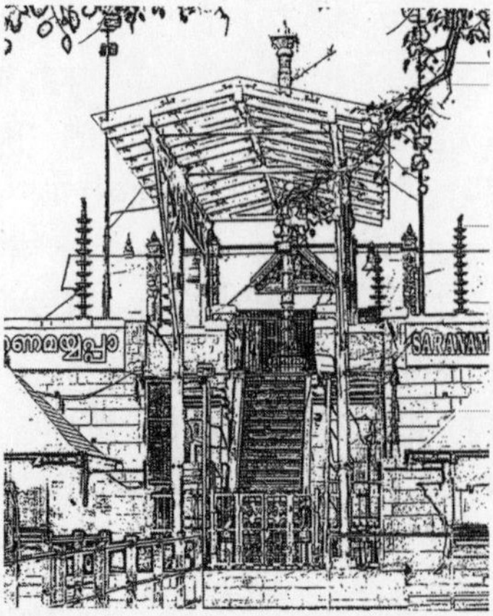

*अठारह सीढ़ियों वाला शबरीमाला मंदिर*

मुक्ति की चाह में, भारत की श्रमण परंपराओं ने निष्कर्ष निकाला कि स्त्रियाँ इस भौतिक जगत में प्रलोभन हैं जो आपको जाल में फँसा देती हैं, यही कारण है कि संन्यासी अपने परिवारों को त्याग कर प्रबुद्ध होने के लिए निकले थे (उदाहरण के लिए बुद्ध, महावीर, कर्दम)। मुक्ति को आगे चल कर, पुरुष देह ने समर्थ किया, यही कारण है कि बौद्ध धर्म के सभी बुद्ध तथा बोधिसत्व पुरुष हैं।

(स्त्री बोधिसत्व, क्वान यिन का उदय चीन में हुआ - जब चीन में एकमात्र महिला साम्राज्ञी का शासन हुआ, यह तांग शासन के काल में हुआ था), और जैन धर्म के सभी तीर्थंकर पुरुष क्यों हैं (तीर्थंकर मल्ली के लिंग के प्रश्न पर विविध जैन पंथों के बीच विरोध है), और क्यों हिंदू धर्म के अधिकतर नाथ और सिद्ध पुरुष हैं। केवल पुरुष देह क्यों? क्योंकि पुरुष स्वेच्छा से अपने कामजनित द्रव्य, वीर्य की गति को नियंत्रित कर सकता है, जो उसे आध्यात्मिक शक्ति प्रदान करता है। स्त्रियाँ अपने मासिक धर्म के प्रवाह को नियंत्रित नहीं कर सकतीं, जो उन्हें प्रकृति के निकट ले जाता है; मृत्यु, जाल में फाँसना और अशुद्धता। यह मिथकीय संरचना ही भारतीय-आर्य धर्मों का संचालन करती है।

इसी संदर्भ में, केरल के शबरीमाला मंदिर से जुड़े अनुष्ठानिक रीति-रिवाज किए जाते हैं, जहाँ हज़ारों की संख्या में पुरुष, छह सप्ताह के ब्रह्मचर्य तथा संयम के बाद दर्शन के लिए जाते हैं। उर्वरा स्त्रियाँ, दूसरे शब्दों में, वे स्त्रियाँ जिन्हें मासिक धर्म होता हो, उनका मंदिर में प्रवेश वर्जित है और वे प्रसिद्ध पवित्र अठारह सीढ़ियों पर नहीं चढ़ सकतीं।

*बाघ पर सवार अयप्पन*

इष्ट का स्थान एक पहाड़ी पर है, अयप्पन दो देवताओं, शिव (हर) और विष्णु (हरि) के पुत्र हैं इसलिए हर-हरि सुत के नाम से जाने जाते हैं। विष्णु ने भी एक स्त्री का

'मोहिनी' रूप धरा था, उन्होंने योनि से जन्म नहीं लिया था, जैसा सामान्यतः होता है, यही कारण है कि वे अयोनिज कहलाते हैं, यह अ-भौतिकता का सामान्य मिथकीय सूचक है। बालक को पंडलाम के राजा ने गोद लिया और पाला-पोसा, बालक ने बड़े होकर, महिषा की बहन, राक्षसी का वध किया। राक्षस महिष का वध देवी दुर्गा के हाथों हुआ। युवक ने अपने गुरु की पुत्री नीला से विवाह प्रस्ताव को ठुकरा दिया। उसे उसकी विमाता, रानी ने मादा चीता का दूध लाने के लिए वन में भेजा (यह उसे मारने का षड्यंत्र था)। वह चाहती थी कि उसका पुत्र राज्य का उत्तराधिकारी बने। इस प्रकार हम लिंगों के बीच निरंतर तनाव देखते हैं, मादाओं को नकारात्मक ऊर्जाओं के रूप में दिखाया गया है (महिषी का गुस्सा, नीला की इच्छा, रानी की ईर्ष्या)। इसे शाब्दिक रूप से लें अथवा प्रतीकात्मक रूप से लेना चाहिए? क्या यही कारण है कि जो स्त्रियाँ मासिक धर्म से बँधी हैं और उर्वरा हैं, उनके लिए मंदिर में प्रवेश करना वर्जित है?

हम इन विचित्र मिथकीय ढाँचों के विरोध में तर्क-वितर्क कर सकते हैं, और एक गैर-पितृसत्तात्मक, समानता की इच्छा रखने वाले देवता को अपना सकते हैं। यह धारणा है कि शबरीमाला का अस्तित्व मुख्य रूप से महिलाओं को शामिल नहीं करने के लिए ही है; जैसे आधुनिक पूँजीवादी महिलाओं को कार्यस्थलों से बाहर रखना चाहते हैं ताकि प्रसव अवकाश के कारण होने वाली हानि से बचाव किया जा सके। इक्कीसवीं सदी में सभी पदानुक्रमों को दमनकारी रूप में देखा जाने लगा है। इस प्रतिस्पर्धात्मक सांसारिक दृष्टिकोण में, जो भी चतुर अथवा धनी, पुरुष अथवा श्वेत, विपरीतलिंगी अथवा ब्राह्मण, शिक्षित अथवा

*अयप्पन*

विवाहित, सुंदर अथवा प्रतिभाशाली है वह 'दुष्ट या बुरा' है; और परंपरा को विज्ञान और तार्किकता से समस्या है और निःसंदेह, उच्चतम न्यायालय 'केवल' वही हल दे रहा है, जो स्वीकार्य हों।

निश्चित रूप से, जब शबरीमाला के पंडित, 'मासिक धर्म वाली स्त्रियों का पता लगाने के लिए स्कैनर्स' के प्रयोग की बात करते हैं, तो ऐसा लगता है कि वे (रुक्षता से? प्रामाणिक रूप से?) इस लोकप्रिय मान्यता को ही समर्थन दे रहे हैं कि मासिक धर्म से नकारात्मक स्पंदन उत्पन्न होते हैं। यह तथाकथित 'स्पंदनों' का ढाँचा, भारत के अनेक गुरुओं ने भी दोहराया है, यही दलितों को मंदिरों से बाहर रखने के लिए प्रयोग में लाया जा रहा है।

विरोधाभास यह है कि शांति स्थापित करने का पारंपरिक उपाय निष्कासन नहीं, समावेश था। शबरीमाला का मंदिर विविध पंथों को एक साथ लाने का प्रयत्न था; कबीले, लोक, शाक्त, वैष्णव, शिव, वेदांत, तंत्र और यहाँ तक कि इस्लाम। यही कारण है कि मंदिर के प्रांगण में एक मुस्लिम वावर का तीर्थ भी है (उसे काली मिर्च अर्पित की जाती है, जो कभी अरब व्यापारियों से व्यापार करता था), इसके अतिरिक्त स्थानीय कुडुथस्वामी भी हैं, जिन्हें तंबाकू चढ़ाया जाता है। महिषी ने स्वयं, मृत्यु से शुद्धता पाने के बाद, पुनः जन्म लिया था, वह मंदिर में मल्लिकापुरुथ अम्मा के रूप में पूजी जाती थी, अब उसके द्वार हमेशा बंद रहते हैं। इस समावेश के अभ्यास में, उर्वर महिलाओं को इसलिए निष्कासित रखा गया ताकि शुद्धता के विषय में ब्राह्मणवादी, बौद्ध और यहाँ तक कि जैन धारणा को संतुष्ट किया जा सके। तीर्थ यात्री पुकारते हैं, 'स्वामी शरणम् अयप्पन', जो इस बौद्ध मंत्र की झलक देता है, 'बुद्धं शरणम् गच्छामि'। यह इस मंदिर की श्रमण संबंधी जड़ों का भी सूचक है। जहाँ शैक्षिक रूप से ब्राह्मणवाद को पितृसत्तात्मक कहना प्रोत्साहित किया जाता है, वहीं राजनीतिक रूप से ब्राह्मणवाद को पितृसत्तात्मक कहना अस्थिर है। हालाँकि इतिहास और परंपरा इतने स्पष्ट नहीं हैं, जितना हम उन्हें देखना चाहते हैं।

अन्य अनेक हिंदू मंदिरों की तरह, शबरीमाला मंदिर भी कई परतों से ढँका है और समृद्ध ऐतिहासिक, मानव-विज्ञानी तथा समाजशास्त्रीय सूचनाओं से भरपूर है। जब हम शारीरिक अथवा मानसिक रूप से इन मंदिरों का दौरा करते हैं, तो हम यह चुनाव कर सकते हैं कि हम उस जगह के सही और

ग़लत पर केंद्रित हों। जो लोग धर्म में केवल बुराई देखते हैं, आजकल उनका आलोचक और सुधारक कह कर मूल्यवर्द्धन किया जाता है। धर्म में केवल अच्छाई देखने वालों को परंपरावादी और धर्म समर्थक कह कर बदनाम किया जाता है। इन दोनों का अस्तित्व सदा रहेगा। ये दोनों मिल कर ही संस्कृति के बल और प्रतिबल बनते हैं।

# 32

## मुंबई :
## सड़क किनारे बसे तीर्थ

सड़कों के किनारे बने तीर्थ सबसे अधिक शक्तिशाली होते हैं। पूरे भारत में, गाँवों और नगरों में, शहरों के बीच, रेलवे स्टेशनों के साथ, झोपड़-पट्टी में; हमें कई देवी-देवताओं के मंदिर मिलते हैं। यह कोई सिंदूर पुती चट्टान, शेर पर सवार दुर्गा का फ्रेम किया गया चित्र, गणेश या साईं बाबा की फ़ोटो या हनुमान की गेरुआ रंग से पुती विशाल प्रतिमा हो सकती है जिसे फूल-पत्तियों से सजाया गया हो। यह ईसाइयों का क्रॉस हो सकता है, जिसके आगे मोमबत्तियाँ जल रही हों या फिर किसी सूफ़ी संत की दरगाह हो सकती है जिसे कढ़ाई किए हुए कपड़े से ढँका गया हो।

इनमें से अधिकतर जगह में, कोई भी सचमुच नहीं जानता कि इन मंदिरों को किसने बनाया। यह सब अपने-आप में आर्गेनिक है। इनके लिए बरगद या पीपल के पेड़ प्रिय माने जाते हैं। कोई मूर्ति रख देता है, कोई आ कर माथा टेकने लगता है, धीरे-धीरे और ज़्यादा लोग जमा होने लगते हैं और उसके आसपास मंदिर बना देते हैं और इससे पहले कि आपको पता चले, यह स्थानीय तीर्थ स्थल बन जाता है, अड़ोस-पड़ोस के लोग इस जगह को नाम भी दे देते हैं। जब यह एक बार लोकप्रिय हो जाता है तो हर कोई

*सड़क किनारे बना सर्प मंदिर*

कहने लगता है कि यह मंदिर तो हमेशा से यहीं था - या यह तो कम से कम पाँच हज़ार साल पुराना है; यह स्वयंभू मंदिर है, इसलिए इसे विकास परियोजनाओं के नाम पर हटाया नहीं जा सकता। कई ताक़तवर लोगों ने पता लगा लिया है कि वे मंदिर के नाम पर सार्वजनिक संपत्ति हड़प सकते हैं। कई निर्धनों ने भी जान लिया कि अगर उनके इलाक़े के पास कोई मंदिर हुआ, तो सरकारी अधिकारी उन्हें उनके गैर-क़ानूनी क़ब्ज़े से ठोकर मार कर नहीं निकाल सकते। भारत में धर्म एक शक्तिशाली साधन रहा है जिसका राजनीति और अर्थव्यवस्था से गहरा नाता है।

सड़क किनारे बसे इन मंदिरों की सबसे बड़ी ख़ूबी यह है कि ये कई तरह के काम करने की जगह बन जाते हैं। अक्सर पेड़ के नीचे बने इन मंदिरों में सुबह-शाम आने वाले भक्तों की संख्या होती है। वे इसके सामने आ कर माथा टेकते हैं, प्रसाद चढ़ा कर इसकी प्रदक्षिणा करते हैं। दोपहर को, यह जगह बूढ़े लोगों के अड्डेबाजी करने और बच्चों के खेलने का स्थान बन जाता है। लोग अक्सर अपने काम-धंधों को निकल जाते हैं और इस ओर ध्यान नहीं देते। रात को, इन मंदिरों में, कुत्ते भीतर घुस आते हैं, बचा हुआ प्रसाद खा कर, वहीं देवता के पास कहीं सो जाते हैं। कोई बुरा नहीं मानता।

अगर मंदिर थोड़ा सा और लोकप्रिय हो जाए तो यह छोटा सा हाट बन कर अर्थव्यवस्था में सहयोग देने लगता है। इस जगह पूजा से संबंधित सामान ख़रीदा-बेचा जाता है - फूल, अगरबत्ती, धूप, मोमबत्ती, कपड़ा, फल, मिठाई, भगवानों की मूर्तियाँ, कलाई में बँधने वाले धागे, छोटी थैलियों में सिंदूर आदि। ये चलती-फिरती दुकानें ऐसी होती हैं कि इनका सामान एक टोकरी में समा जाए, ये पूजा वाले दिनों में जादुई तरीक़े से खुल जाती हैं -

जैसे शुक्रवार को संतोषी माता, मंगलवार को गणेश जी, शनिवार को हनुमान जी। त्योहारों के दिनों में, मंदिर रोशनी, संगीत और शमियानों के साथ जीवंत हो उठते हैं और दूर तक बैठे भिखारियों की पंगत देख कर भक्तों के मन में अपराध बोध पैदा होता है कि उनके पास भिखारियों से कहीं ज़्यादा है और फिर भी वे भगवान से अपने लिए और माँग रहे हैं।

भारत में, पारंपरिक रूप से, एक पवित्र स्थल प्रायः किसी जलाशय या तीर्थ के आसपास होता था, यह कोई तालाब, दो नदियों का संगम, किसी नदी का घाट, या वह सँकरा रास्ता हो सकता है जिससे पैदल चल कर दूसरी ओर जा सकते हैं। पुराणों में ऐसे पुण्य स्थलों की सूची दी गई है और हमें बताया गया है कि ऐसे तीर्थों पर जाने से श्रद्धालुओं के साथ कितनी जादुई घटनाएँ घटती थीं : रोग दूर हो जाते, खोए हुए अपने मिल जाते, क़िस्मत बदल जाती, निःसंतानों की गोद भर जाती। साधु-संत एक से दूसरे तीर्थ की यात्रा करते रहते और उनके साथ उनके आदर्श व इष्ट भी होते है। इस तरह हमें पूरे भारत के आसपास के तीर्थ स्थलों में कई तरह के धार्मिक संप्रदाय देखने को मिलते हैं - विष्णु, शिव और देवी का तीर्थ, कोई कबीलाई देवता, कोई स्थानीय संत और यहाँ तक कि कोई मस्जिद या फिर चर्च, इन्हें उन लोगों ने बनवाया, जिनके पुरखों ने धर्म परिवर्तन कर लिया होगा पर अब भी अपने पुराने तीर्थों को मान देते हैं। भारत का यह विचार अंग्रेज़ों ने नहीं बनाया, जैसा कि पश्चिमी रंग में रंगे विद्वानों का आग्रह रहा है - यह उन विनीत तीर्थ यात्रियों की देन है जो उत्तर से दक्षिण, पूर्व से पश्चिम की ओर यात्रा करते हुए अपने देवताओं से भेंट करते हैं।

*सड़क किनारे हनुमान की विशाल प्रतिमा*

भारत देवताओं से भरा है। प्रत्येक गाँव में, प्रवेश द्वार, सीमा, बीच वाले चौक और खेतों के पास इष्ट होते हैं और

इनमें से कुछ संकट के समय आते हैं। शहरों में, हम प्रवासियों द्वारा लाए गए भगवानों को भी देखते हैं - मराठाओं के खंडोबा, राजस्थान के मोमाजी और खाटू-श्यामजी, गोवावासियों की शांता दुर्गा, ओड़िया लोगों के जगन्नाथ, बंगालियों की दुर्गा, पंजाबियों की वैष्णो देवी। सड़कों के दोराहों और मुख्य मार्गों पर भी देव मंदिर मिलते हैं। किसी पहाड़ पर चढ़ने से ठीक पहले कोई हनुमान मंदिर होगा, और उससे बाहर आते हुए हनुमान मंदिर हो सकता है। वाहन चालक इन मंदिरों में माथा टेक कर पैसा चढ़ाते हैं ताकि खड़ी चढ़ाइयों से वे सकुशल लौट सकें। हर दुकान हर, हर चाय की गुमटी और हर ढाबे पर छोटे मंदिर मिलेंगे। अगर यही काफ़ी नहीं तो हर वाहन के भीतर फूल-पत्तियों से सजे छोटे मंदिर देखे जा सकते हैं।

ये भव्य मंदिर महान राजाओं ने नहीं बनवाए और ना ही इन्हें ब्राह्मणों का संरक्षण मिला है। इन तीर्थों पर राज्य का कोई अधिकार नहीं। यूरोप और अमेरिका में, इन पर पाबंदी है। आपको किसी भी धार्मिक स्थल को बनवाने के लिए लाइसेंस लेना होगा, जिस तरह आप दुकानों के लिए लाइसेंस लेते है। परंतु भारत में, एक मंदिर, मस्जिद या गिरजा कहीं भी बन सकता है, यह आपके पड़ोस का कोई छोटा सा कमरा या किसी पेड़ तले हो सकता है ताकि एक सामुदायिक भावना का विकास हो, निराश और असहाय लोगों को जीने की आस मिले, मन में शांति हो और उस शक्ति से संपर्क साधा जा सके, जो सदा आपका हित चाहती है।

# *निष्कर्ष :*
# सुपरस्टार का घर

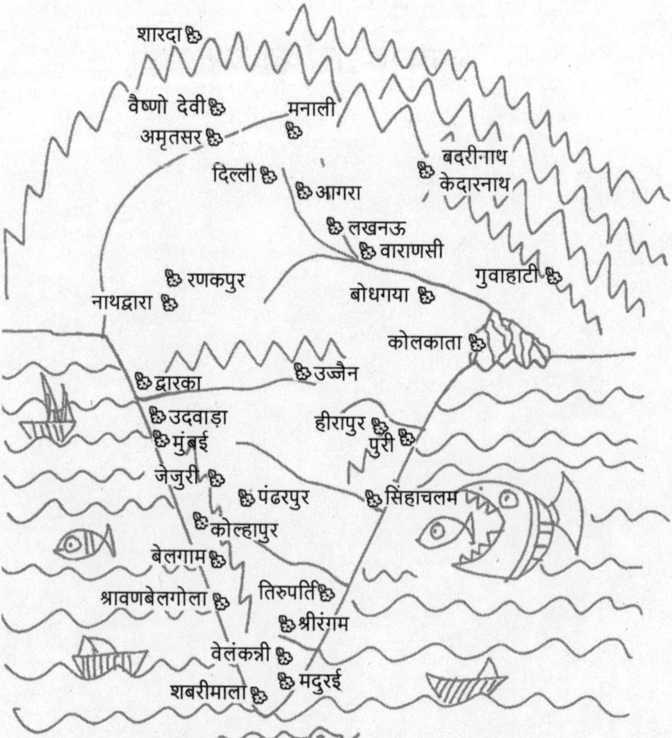


*भारतवर्ष के तीर्थ राष्ट्र का पौराणिक निरूपण*

मैं प्रतिदिन, मुंबई के बाहरी इलाक़े में बने बॉलीवुड सुपरस्टारों के घरों के आगे से निकलता हूँ। मुझे पर्यटकों की भारी भीड़ देखने को मिलती है जो अपने प्रिय सितारों की एक झलक पाने के लिए प्रतीक्षा करते दिखाई देते हैं। उत्साहित परिवार इन घरों के सामने सेल्फ़ी लेने के लिए पोज़ बनाए दिखते हैं। कुछ ख़ास दिनों पर, सुपरस्टार अपने घरों से बाहर आ कर, इन सैलानियों को देख कर उसी तरह हाथ हिलाते हैं, जैसे पोप अपने श्रद्धालुओं को या रानी अपनी प्रजा को दर्शन दे रही हो। लोग उल्लास प्रकट करते हैं। वे रोते हैं। वे तसवीरें खींचते हैं। वे संतुष्ट होकर घरों को लौट जाते हैं। वे पर्यटक हैं या तीर्थ यात्री?

दक्षिण भारत में प्रशंसक अपने प्रिय अभिनेताओं और अभिनेत्रियों के लिए मंदिर बनवाते हैं। कुछ सितारों की लोकप्रियता बहुत अधिक है : उनके पोस्टरों का दूध से अभिषेक होता है जब उनकी मूवीज़ दिखाई जाती हैं तो पर्दे पर फूल और पैसे फेंके जाते हैं, लोग उनकी अगली फ़िल्म का इंतज़ार इसी तरह करते हैं मानो कोई पैगंबर की वापसी हो रही हो या फिर कोई अवतार अवतरित होने वाला हो। वे सब प्रशंसक हैं या भक्त?

जब तक कोई धार्मिक अनुभव नहीं पा लेते, तब तक हम सही मायनों में नहीं समझ सकते कि तीर्थ यात्रा क्या होती है?

धार्मिक अनुभूति की समझ के लिए, हमें विकास के मनोविज्ञान को थोड़ा समझना होगा। प्रकृति का सबसे प्रमुख भाव है, भय : भूखे मरने और परभक्षण का भय। यह मनुष्यों में सबसे अधिक है, उनके पास विस्तृत कल्पनाशीलता है जो दिन-रात, हर क्षण, निरंतर बढ़ते हुए स्तर पर, भूख और परभक्षियों की कल्पना करती रहती है। जब हम इस आतंक को सराहते हैं तो हम मनुष्य की, संपदा और असुरक्षा, शक्ति व अर्थ के लिए हमारी

तड़प, आलोचना के प्रति हमारी संवेदनशीलता और हमारी व्यग्रता, हमारे असहाय और निराश होने के भाव के प्रति समानुभूति प्रकट करते हैं।

और फिर हम देवों और राजाओं और ऋषियों की कथाएँ सुनते हैं जिन्होंने भय पर विजय पाते हुए, राक्षसों को हराया, स्वर्ग से हमारे लिए अमृत उतार लाए और हम वह जान कर विस्मय और आश्चर्य से भर उठते हैं। हमें अपने भीतर से आनंद और उत्साह उमड़ता हुआ महसूस होता है। हमें लगता है कि हमारे भी कोई मायने हैं। हम स्वयं को जीवंत अनुभव करते हैं। यह एक धार्मिक अनुभव बनता है : जिसमें कोई भय नहीं, केवल प्रेम ही प्रेम है। यही वीरकाल पूजन में प्रकट हुआ, भारत के ग्रामीण क्षेत्रों में, महान स्त्री और पुरुषों का निरूपण; कुछ योद्धा, कुछ पाकशास्त्री, कुछ कवि, कुछ नर्तक, कुछ गायक, सभी आदर के पात्र थे।

इन स्त्री-पुरुषों ने ना केवल आपको भोजन और सुरक्षा प्रदान की, उन्होंने आपको एक ऐसे संसार की झलकी दिखाई, जहाँ केवल भय के स्थान पर जीवन था। और इसी तरह, भारत में, देवताओं का कलाओं से निकट संबंध रहा है, वे सदैव नाचते-गाते रहते हैं - इन गतिविधियों को ग्रीक पुराकथाओं में उपद्रव तथा अब्राहिमी पुरागाथाओं में दुष्टता से जोड़ा जाता है। शिव नटराज हैं, कृष्ण नटवर हैं। पहला रंगमंच यज्ञ-शाला से संबंधित था और बाद में मंदिर प्रागंण का अटूट अंग बना। यहाँ देवता मनुष्य रूप में संगीत, संवाद, हाव-भाव, विचार, साज-सज्जा और कर्म के रूप में प्रकट होते हैं और भय का सामना करते हुए, दर्शक बने मनुष्यों को राह दिखाते हैं। इस प्रकार इसमें कोई आश्चर्य नहीं कि कला का उत्कृष्ट नमूना भी धार्मिक अनुभव बन जाता है। भारत में, मंदिर भव्य कलात्मक प्रदर्शन बनते हैं और मंदिरों के अनुष्ठान प्रदर्शन कला, जिसके अनुभव मात्र से आप स्वयं को विस्तृत, हल्का और दैवीय तत्त्व के संपर्क से जुड़ा हुआ पाते हैं।

आदि शंकराचार्य ने इसे समझा। तीर्थ यात्रा का यह विचार पहली बार महाकाव्य महाभारत में आया, जिसने आज से दो हज़ार वर्ष पूर्व अपना अंतिम प्रारूप पाया। पांडव विचार करते हैं कि उन्हें अपने दीर्घ निर्वासन काल में क्या करना चाहिए। कृष्ण उन्हें परामर्श देते हैं कि पर्वत शिखरों व नदियों के संगमों पर स्थित पवित्र तीर्थों के दर्शन करें। उन्होंने अपनी यात्राओं के दौरान, कथाओं का श्रवण किया, ऋषियों से भेंट की, देवों व

दैत्यों का सामना किया, भूख व उदारता का अनुभव पाया, जिसने उनके मन को विस्तृत करते हुए, मनुष्य और राजाओं के रूप में उनकी भूमिका को समझने में सहायता की। भारत के ऋषि और संत आदि सदा एक से दूसरे पवित्र तीर्थ स्थल की यात्रा करते रहे हैं।

परंतु वे आदि शंकराचार्य थे, जिन्होंने आज से बारह सौ वर्ष पूर्व, उनके लिए इस विचार को धार्मिक गतिविधि के रूप में लोकतंत्रात्मक बनाया, जो 'सच्चे स्व' को पाना चाहते थे, जो वेदों में प्रकट हुआ था। वे पहले दार्शनिक थे जिन्होंने अमूर्त वैदिक विचारों को पुराणों के मूर्त देवताओं से स्पष्टतः जोड़ा जो विविध पवित्र स्थलों में बसते थे। यदि उनके भाष्य ज्ञान-योग, बौद्धिक उपाय की बात करते हैं, तो उनके काव्य में भक्ति-योग, भावात्मक उपाय की झलक मिलती है। उनके बारह ज्यातिर्लिंगों और अठारह शक्ति पीठों की सूची उस महत्त्व को दर्शाती है जो उन्होंने कर्म योग, कर्म के उपाय को प्रदान किया। उनके लिए यज्ञ, कर्म नहीं था, जितना कि वह यात्रा से संबंध रखता था। वे समझ चुके थे कि वास्तव में धार्मिक अनुभव का सार क्या था। यह कोई बौद्धिक अभ्यास नहीं था; यह एक गहरा जुनून और बहुत ही माँगकारी कर्म और काफ़ी हद तक मुक्ति था।

किसी कलात्मक कार्य के जीवन से भी बड़े अनुभव के प्राप्त होने के बाद, नश्वरता का भय आता है। यह समाप्त होगा। आप इसका पूर्वानुमान करते हैं। इसलिए आप इसे और अधिक पाना चाहते हैं, या इससे चिपके रहना चाहते हैं। इसके एक हिस्से को बनाए रखना चाहते हैं। आप इसे छूना चाहते हैं और इसके एक अंश को अपने साथ घर ले जाना चाहते हैं। इसलिए आप 'प्रसाद' चाहते हैं : यह उस तीर्थ की यादगार है, जिसके आपने दर्शन किए हैं, जैसे गंगाजल, किसी मंदिर से मिली भभूत या पुष्प।

आप स्वयं को आश्वस्त करना चाहते हैं कि उस स्रोत का मूल वास्तविक है, और आपको फिर से तरोताज़ा करने के लिए उपलब्ध है। आप उस अक्षय पात्र को छूना चाहते हैं, वह प्राचुर्य जो आपको जीवंतता और वैद्यता का अनुभव देता है। आप उस रॉक स्टार को छूना चाहते हैं, जिसने आपका गाना गाया, वह संगीतकार जिसने अपने संगीत से आपकी आत्मा को झकझोर दिया, वह अभिनेता, जिसके पर्दे पर दिखने वाले आकर्षण और रंगीनी से आप अपने अस्तित्व के मध्यम स्तर को भूल जाते हैं। तो आप

उन्हें देखने के लिए उनके घर जाते हैं, उन्हें छूने, उन्हें देख कर प्रसन्न होने जाते हैं। आप स्वयं को पोषित करते हुए स्वयं को यक़ीन दिलाना चाहते हैं कि वह धार्मिक, आध्यात्मिक अथवा कलात्मक अनुभव शाश्वत है। भले ही वह मंदिर में हो, या मस्जिद में, गिरजा में हो या सड़क पर बने मंदिर में या फिर किसी बॉलीवुड मेगास्टार के घर में, इससे कोई अंतर नहीं पड़ता। ये आपके ही अपने सच्चे स्व के माध्यम हैं।

# लेखक परिचय

**देवदत्त पट्टनायक** आधुनिक समय में पौराणिक कथाओं की प्रासंगिकता पर लेखन व चित्रांकन करते हैं तथा व्याख्यान देते हैं। वे 1996 से इस विषय पर पचास से अधिक पुस्तकों का लेखन कर चुके हैं और एक हज़ार के लगभग लेख लिख चुके हैं, कि किस प्रकार संसार भर में कथाएँ, प्रतीक व अनुष्ठान प्राचीन व आधुनिक संस्कृतियों के आत्मपरक सत्य रचते हैं। उनकी प्रमुख पुस्तकों में शामिल हैं : *बिज़नेस सूत्र: सक्सेस सूत्र टैलेंट सूत्र* और *लीडरशिप सूत्र*।

वे विभिन्न कार्पोरेशंस को नेतृत्व और प्रशासन के विषय में परामर्श देते हैं और टी.वी. चैनलों पर पौराणिकता पर आधारित धारावाहिकों में भी परामर्शदाता के रूप में सक्रिय हैं। उनके टी.वी. शोज़ में शामिल हैं : *बिज़नेस सूत्र – (सीएनबीसी–टी.वी. 18)* व *देवलोक (एपिक चैनल)*। रेडियो मिर्ची पर द *देवदत्त पट्टनायक शो भी* प्रसारित होता है। उनके विषय में अधिक जानने के लिए देखें : devdutt.com

# अनुवादक की ओर से

धार्मिक व आध्यात्मिक महत्त्वयुक्त तीर्थ स्थलों का वातावरण ही इतना दिव्य और तेजोमय होता है कि उनकी यात्रा करने वाले तीर्थ यात्री धन्य हो उठते हैं। वे स्वयं उन स्थानों पर जा कर पावन और अलौकिक स्पंदनों का अनुभव कर पाते हैं। भारत में प्राचीन काल से तीर्थों का असीम महात्म्य रहा है। तीर्थाटन करने से मिलने वाले अप्रत्याशित लाभों को चाहे मन्नत पूरी होने से जोड़ें, पूर्व जन्मों का फल मानें या फिर दैवी कृपा कहें; इतना तो सुनिश्चित है कि तीर्थ वास्तव में फलदायी होते हैं। व्यक्ति के शारीरिक, मानसिक, भावात्मक और बौद्धिक स्वास्थ्य और कल्याण के लिए भी तीर्थाटन को बहुत ही सार्थक माना गया है।

पूरे भारतवर्ष में, ऐसे अनेक सरोवर, झीलें, झरने, नदियों के संगम, नदियों के किनारे आदि हैं जहाँ ऋषियों-मुनियों ने ध्यान रमाया, देवता प्रकट हुए, देवियों ने असुरों का संहार किया और मनुष्यों की समस्याओं का समाधान हुआ। ये जल स्रोत भी तीर्थ स्थल बने। कभी किसी एक स्थान पर टिक कर नहीं रहने वाले ऋषि-मुनि, एक से दूसरे तीर्थ स्थल की यात्रा करते रहते। इस प्रकार, उन्होंने एक ऐसा संजाल तैयार किया जिसने जंबूद्वीप को एक सांस्कृतिक इकाई में बदल दिया जो तीर्थ स्थलों से आश्रय पाने वाला भारतवर्ष था, जिसे कथाओं, प्रसंगों, प्रतीकों व अनुष्ठानों तथा अनंत विचारों से प्रश्रय मिला।

देवदत्त जी प्रस्तुत पुस्तक में हमारे लिए बत्तीस तीर्थ स्थलों के विवरणों से सजे आलेख लाए हैं जो विविध धर्मों व संप्रदायों के तीर्थों व मंदिरों के इतिहास, भूगोल व पौराणिकता के विषय में संदर्भ सहित जानकारी देते हैं। इनमें से अनेक स्थान तो ऐसे हैं जहाँ वे स्वयं व्यक्तिगत अनुभवों

के आधार पर अपनी बात कहते हैं। रोचकता से भरपूर इन आलेखों में हमें एक ऐसे भारत के दर्शन होते हैं जहाँ प्रत्येक धर्मावलंबी अपने धर्म, पंथ व संप्रदाय के अनुरूप अपने इष्ट की साकार अथवा निराकार रूप में उपासना कर सकता है। लेखक के अपने शब्दों में :

"हिंदू के लिए सत्य केवल वही रहेगा, जिसे वह अनुभव से जानेगा, शास्त्रों से नहीं। प्रत्येक मंदिर का अपना ही आकर्षण है। पंढरपुर में विट्ठल के रूप में जिस कृष्ण अनुभव को वारकरियों के संगीतमयी ताल के साथ प्रस्तुत किया जाता है, वह ओड़िशा, पुरी के जगन्नाथ के रंगीन रथों के कृष्ण अनुभव से पूरी तरह से अलग है। तब देवता शास्त्रों से निकल कर एक ऐंद्रिक और भावात्मक अनुभव हो जाते हैं। पिछले पचास वर्षों में, धर्म की परिभाषा में बदलाव आया, अब वह केवल ईश्वर तक सीमित नहीं रह कर, किसी भी पवित्र वस्तु तक आ गई है, और इसके साथ ही तीर्थ यात्रा की परिभाषा भी बदली है। वर्तमान में, तीर्थ यात्रा का अर्थ यही नहीं रह गया कि व्यक्ति केवल दैवीय स्थानों की ही यात्रा करेगा। पावन समझे जाने वाले, गहन अर्थ, ऊर्जा तथा रहस्यमयी शक्ति रखने वाले स्थानों पर भी लोग जाना पसंद करते हैं। दूसरे शब्दों में, अब हम एक ऐसे संसार में जीते हैं, जहाँ हम धार्मिक के अतिरिक्त सांप्रदायिक स्थलों की तीर्थ यात्रा भी कर सकते हैं। प्रेमी ताज महल जा सकते हैं, देशभक्त वाघा बॉर्डर जा सकते हैं, श्रद्धालु शबरीमाला जा सकते हैं और सभी सिद्धि विनायक, कुंभ मेला या अमिताभ बच्चन के घर जा सकते हैं। ये मार्ग ही भारत को रचते और बाँधते हैं और यह एक बहुत अच्छी बात है।"

—रचना भोला 'यामिनी'

# अनुवादक परिचय

रचना भोला 'यामिनी', पिछले 24 वर्षों से मौलिक लेखन व अनुवाद के क्षेत्र में कार्यरत हैं। मौलिक लेखन में जीवनी साहित्य, धर्म, पत्रकारिता, समाज, अध्यात्म, सामान्य ज्ञान, साहित्य,महिलोपयोगी, बाल साहित्य, पेरेंटिंग आदि विविध विषयों पर पचास से अधिक पुस्तकें प्रकाशित। इनमें लघुकथा संग्रह *प्रयास,* द्रौपदी पर आत्मकथात्मक शैली में लिखा गया उपन्यास *याज्ञसेनी* तथा वर्ष 2018 में प्रकाशित रूहानी इश्क़ की इबादत में रचे गए लव नोट्स *मन के मंजीरे* उल्लेखनीय हैं।

वे अनुवाद के क्षेत्र में राष्ट्रीय तथा अंतरराष्ट्रीय ख्यातिनाम लेखकों की लगभग 170 से अधिक कृतियों का अंग्रेज़ी से हिंदी में अनुवाद कर चुकी हैं। उन्होंने खुशवंत सिंह, देवदत्त पटनायक, आनंद नीलकंठन, किरण बेदी, सुधा मूर्ति, शिल्पा शेट्टी, ट्विंकल खन्ना, नेपोलियन हिल, ज़िग ज़िगलर, अगाथा क्रिस्टी, डेल कारनेगी, राधाकृष्णन पिल्लै, ऑर्थर ऑसबोर्न, निक वुई चिक, डॉ. जोसेफ़ मर्फ़ी, डॉ. डेविड जे. श्वार्ट्ज़, डॉ. वेन डायर, रयुहो ओकावा, महात्रया रा, जेवियर मोरो, विक्टर ई. फ्रैंकल, श्री श्री रविशंकर, सिस्टर शिवानी, ब्रैंडा बार्नबी, नमिता गोखले, दुर्जोय दत्त, डोमिनीक लापियर, विनोद चौधरी, टी लोबसांग रम्पा, डान मिग्युअल रूइज़, अनीता रैना थापन, स्वामी राम, रॉबिन शर्मा, रूज़बेह एन.भरूचा व ब्रायन ट्रेसी, सोग्याल रिंपोचे आदि अनेक लेखकों की कृतियों का अनुवाद किया है।

रचना भोला 'यामिनी' की अनूदित कृतियों में *चार परम रहस्य, रमण महर्षि के अनमोल वचन, सीता, देवलोक-2, देवलोक-3, अजेय, कलि का उदय, असुर, असीम आनंद की ओर, रहस्य से परे, आकर्षण के नियम से आगे,*

*फ़क़ीर, अधिकतम से अधिक, तिरुपति : एक जीवन दर्शन* व *ध्यान साधना का सरल अभ्यास* आदि उल्लेखनीय हैं।

उनके लिए उनका लेखन कार्य पैशन से प्रोफ़ेशन और मेडिटेशन तक जाने की एक अद्भुत यात्रा रहा है, जिसे वे अनवरत जारी रखना चाहती हैं। लेखन व पठन-पाठन के अतिरिक्त वे पर्यटन, संगीत की विविध विधाओं, विश्वस्तरीय सिनेमा व लोक परंपराओं के अध्ययन में विशेष रुचि रखती हैं।

संपर्क : rachnabhola25@gmail.com